道元禅師の心

窪田慈雲

春秋社

はじめに

道元禅師は日本における曹洞宗の開祖であり、その主著はいうまでもなく「正法眼蔵」九十五巻である。その中には年号不記のものや遷化後の筆録年度のものもあるが、存命中の著作の大部分は、興聖寺開堂から大仏寺に移られた一二四四年（四十五歳）迄に集中しており、大仏寺を永平寺に改称された一二四六年以降の著作は、一二四六年（四十七歳）出家・示庫院文、一二五三年（五十四歳）の三時業・八大人覚の巻を数えるのみである。

してみると、一二四六年から遷化された一二五三年八月迄の道元禅師の境涯の進化は、興聖寺・大仏寺・永平寺における上堂の語を集めた「永平広録」に集約されているといっても過言ではない。その参究の成果をまとめたのが、二〇一六年七月春秋社より発刊した「道元禅師『永平広録』私解」である。

ひるがえって現在の宗教界を見てみると、世界三大宗教の一つであるキリスト教は、その信者の数こそ現在も最大であるが、特に若年層を中心に急速に信者が少なくなっていると聞く。

またイスラム教も、シーア派・スンニ派の対立抗争があり、就職できない若年層がＩＳに流れているともいわれている。また日本の禅界は、大本山では僧侶育成のカリキュラムとしての坐禅は行なわれていても、己事究明を目指す本格的な修行道場は、影をひそめたといえるかもしれない。それは禅修行の核心である真の悟りの体験を持つ師家が、居なくなりつつあることと裏腹の関係にあるからである。

そこで、もう一度道元禅師の修行の軌跡をたどることにより、真の禅の本質が何かを明らかにする必要があると考える。そして更にこの本質を真に自分のものとする真剣な修行を目指す求道者に、その依って立つ指針を明示する必要があると考える。

本書が、そのよすがとなることを、心より願うものである。

窪田慈雲

道元禅師の心　目次

第二章　正法眼蔵と道元禅師の心……

道元禅師の心

第一章　道元禅師の生涯

一、生誕から入宋まで

道元禅師は、一二〇〇年正月二日、土御門天皇正治二年京都で生まれたが、その父親については、今なお特定されていない。通説では村上源氏の内大臣、久我《くが》通親《みちちか》公（もう一説は兄に当る大納言久我通具《みちとも》公）。母は藤原基房《もとふさ》公の女《むすめ》といわれている。

誕生に及んで観相の博士がその人相を拝し、

「七處円満にして骨相秀麗、眼に重瞳《じゆうどう》あり。聖人の相なり」

といわれた。果せるかな聡明悧発、文殊の智慧を備えているということで、文殊丸と命名された。事実四歳で唐の李巨山の詩集、李嶠《りきょう》の雑詠を読み、七歳で「毛詩」「左伝」を学んだといわれる。

ところが一二〇二年（三歳の時）父通親が五十四歳で急死。以後兄の大納言通具《みちとも》公の許に母親と共に引き取られて養われることとなった。更に一二〇七年（八歳の時）木枯しの吹く冬の日に生母の死に会い、人生の無情を痛切に感じることとなった。この時母は文殊丸を枕辺に呼び、

「わが亡きあとは仏門に入り、悟りの道を修行して、亡き父君とわが為に菩提を弔え。あわせて四生六道の衆苦を救え」

と遺誡されたといわれている。恐らくこの時文殊丸は出家の決意を心の底から固めたものと考えられる。

翌一二〇八年（九歳の時）、母の兄に当る前摂政関白内大臣、藤原師家《もろいえ》の養子となった。これは、世継ぎのいない師家が、文殊丸を将来廟堂に立たせる為である。驚くべきことに、文殊丸は、この頃既に世親の「倶舎論」を読んでいたという。師家の魂胆を感じた文殊丸は、一二一二年（十三歳の時）或る夜ひそかに木幡《このはた》の山荘を抜け出て、叡山の麓に母方の伯父に当る良観法眼を訪ね、切々と出家の志を申し入れた。驚いた法眼禅師は、師家公と文殊丸の間に立って、幾度か斡旋の労を取られ、一年余の日時を費やして漸く出家することが許された。

嬉しくも釈迦の御法《みのり》にあふひ草

かけても外の道を踏まめや（道元禅師）

一二一三年（十四歳の時）四月九日、天台座主公円僧正《こうえんそうじょう》について剃髪、翌十日延暦寺戒壇院において菩薩戒を受けて、めでたく出家の本懐を遂げることができた。

仏門に入ってからは、天台の教観を学修し南天の秘儀を探り、一切の経論に通じようと日夜勉学に励んだ。この十四、五歳の頃、次の一大疑団に逢着した。それは、

「本来《ほんらい》本法性《ほんぽうしょう》、天然《てんねん》自性身《じしょうしん》ならば、什麼《なん》としてか三世諸仏、発心し成道するや」（もともと仏であるならば、何故三世諸仏は発心して悟りを開く必要があるのか）

というものであった。叡山の名師宗匠に尋ねたが誰一人解決してくれない。そこで三井寺の公胤僧正に参問したところ、僧正は、

「此の問い、たやすく答うべからず。宗義ありと雖も、恐らくは理を尽さざらん」

といって、近頃仏心宗を伝えて帰朝した栄西《えいさい》禅師に参問せよと勧めた。そこで一二一四年（十五歳の時）、建仁寺に栄西禅師を訪ねた。栄西禅師は南泉普願禅師の語を引いて、

「三世の諸仏有ることを知らず。狸奴白狐《りぬびゃっこ》却って有ることを知る」（三世諸仏は、そんなことはご存じない。猫や牛のような奴が悩むだけじゃ）

と答えた。それを聞いた途端、道元禅師は、

「某甲忽然として省す」
と疑団を解決することができた。そこで以後、栄西禅師の許にとどまって修行することとなる。間もなく、栄西禅師は七十五歳の高齢で遷化されたので、その後を継がれた明全和尚を師として九年間、参禅を続けた。その間に、一切経を二度も繰り返して読まれ、天台・真言、更に禅の奥義を悉く伝承せられ一二二一年（二十二歳の時）明全和尚の法嗣となられたが、大器は小成に安《やす》んぜず、更に求法の大願を起こされたのである。

二、入宋後の修行

道元禅師は一二二三年（二十四歳の時）二月二十二日、明全和尚と共に栄西禅師の墓を参拝し、後堀川天皇の宣旨《せんじ》を受け、六波羅よりの旅券を携えて、従三位入道木下道正、及び加藤四郎左衛門景正等を従え、京都を出発、三月下旬博多港より入宋の途につかれた。

そして四月初旬、明州慶元府（浙江省）の港に無事到着された。禅師は船中痢病に悩まされたが、用意した薬で治めることができたといわれる。

到着後直ちに上陸する予定であったが、中国における諸事情の為、約三ケ月の間、船中で過ごすことを余儀なくされた。この間五月に船中に於て、阿育王山の六十一歳の老典座《てんぞ》と次のような問答を交わしておられる。

「座尊年、何ぞ坐禅弁道し古人の話頭を看せずして、煩わしく典座に充てて只管に作務す。甚《な》んの好事か有る」

「外国の好人《こうじん》未だ弁道を了得せず。未だ文字を知得せざること在り」

「如何にあらんか是れ文字。如何にあらんか是れ弁道」

「若し問処を蹉過せずんば、他時後日育王山に到れ。一番文字の道理を商量し去ることあらん」

この問答は、今迄只管に打坐して公案工夫することこそ真の弁道と心得ていた道元禅師の心に痛棒を与えるものとなり、深く反省するとともに、真の参禅への決意を固めたものと思われる。

七月に入り明全和尚と共に太白山天童景徳寺に詣り、無際了派《むさいりょうは》禅師に参見し、ここに安居することとなった。景徳寺には船中で問答した老典座がおられたので、道元禅師は再び問答を試みた。

「如何なるか文字」

「一、二、三、四、五」

「如何なるか是れ弁道」

「偏界曽って蔵さず」

特別な文字（不立《ふりゅう》文字）こそ禅であり、悟りこそ真の弁道と思っていた道元禅師にとっては、この典座の答えは、まさに肺腑をえぐるものであったに違いない。

更にこの老典座が炎天下、仏殿の前の苔を晒《さら》しているのを見た禅師が、気の毒に思い、

「何故苔掃除を行者に頼まないのか」

「他は是れ我にあらず」

「炎熱の時を避けては如何」

「更に何れの時をか待たん」

この問答で道元禅師は、

「無常迅速。光陰人を待たず」

の心を痛切に感じ取ったと思われる。


この頃のエピソードとして、仏法では先に受戒して仏門に入った者が上席に、後から受戒して仏門に入った者は下座に坐るのが仏制である。ところが、当時中国に留学した日本の僧は皆新戒の席におかれていたので、道元禅師は、この僧位の紊乱を匡《ただ》すため寧宗皇帝に上奏された。然るに朝議がなかなか決せず日が経ったので、再度上奏した結果、寧宗皇帝自らこの上奏文を

ご覧になり感動され、直ちに「法の如く席次を糺《ただ》すべし」との勅掟が下され、天童山においても、席次を改めることとなったといわれている。

禅師は天童山に留まること二年、その間に無際《むさい》禅師より印可を与えられたが満足せず、遂に天童山を下って諸山の名師宗匠を歴訪することとした。しかし天童山に居る間に、日本の隆禅《りゅうぜん》上座がその道友伝蔵《でんぞう》主に請うて龍門仏眼派下の嗣書を禅師に拝覧させている。その後、惟一《ゆいいつ》西堂によって法眼宗の嗣書を、又宗月《そうげつ》長老によって雲門宗の嗣書を拝覧、翌年一二二四年正月二十一日、仏眼徳光《ぶつげんとくこう》から堂頭《どうちょう》の無際了派に授けられた嗣書《ししょ》を、弟子の智庾《ちゆ》によって拝覧する機会を得ている。これにより道元禅師は、真の嗣法には必ず嗣書が肝要であることを決定信受することができた。

さて天童山を去った禅師は、一二二四年（二十五歳の時）径山《きんざん》の万寿寺に了派の法弟である浙翁如琰《せつおうにょえん》を尋ねるが意気投ぜず。一二二五年台州天台山万年寺の元鼒《げんし》に参ずるも飽き足らず宋土に真の師無しと歎き、再び天童山に登って明全和尚に別れを告げようとした。その途中、径山の羅漢堂を参拝された。時に、異様な風采《ふうさい》の老僧（老璡《ろうしん》）に会い、

「最近勅命を奉じて、天童山に晋住《しんじゅう》された長翁如浄《にょじょう》禅師こそ、現代唯一の大尊師であるから参見せよ」

と教えられた。そこで一二二五年（二十六歳の時）五月一日、天童山に登って如浄禅師に初相見された。二人は初対面の時、肝胆深く相照らして師弟の縁が固く結ばれたのである。その時如浄禅師は、

「昨夜、洞山悟本大師《とうざんごほん》が一枝の梅花を持ってお出でなされたのをお迎えする夢を見た。お前は悟本大師の再来と思われる。他日、お前によって、我が法が大いに世に行なわれるであろう」

と申された。

道元禅師は、これより天童山の僧堂に於て寝食をも忘れ、寒暑をも厭わず精進弁道にはげんだ。多分初相見の年の夏安居《げあんご》中のことであろう。居眠りの僧を如浄禅師が叱責して、

「参禅は須く身心脱落なり。只管に打睡して何とか為す！」

の語を隣単で聞いた道元禅師は、途端に「身心脱落」底の大悟を得た。直ちに方丈に上って焼香礼拝した。如浄禅師はいわれた。

「焼香の事作麼生《じそもさん》」

道元曰く、

「身心脱落し来る」

浄曰く、

「身心脱落、脱落身心」

道元曰く、

「這箇は是れ暫時《ざんじ》の伎倆なり。和尚乱《みだ》りに某甲を印すること莫れ」

浄曰く、

「我れ乱りに汝を印せず」

道元曰く、

「如何なるか是れ乱りに印せざる底」

浄曰く、

「脱落身心」

道元礼拝す。

浄曰く、

「脱落、脱落」

この一連の問答で、如浄禅師は完全に自己を忘じ尽くした道元禅師の境涯を確認証明し、九月十八日釈尊より嫡々相承の戒脈（菩薩戒）を授けている。

道元禅師は、この身心脱落の体験の後、更に二年間刻苦勉励、少しでも疑問があれば必ず方丈に上って如浄禅師に提し、その疑問を解決している。そして遂に本来脱落底の身心に完全に生まれ返った。この着実な修行の有様を観察していた如浄禅師は、遂に一二二七年（二十八歳の時）の春、道元禅師に印可証明を与え、釈迦牟尼仏より第五十一代目の祖師の位に列することを許した。これにより、正伝の仏法は完全に道元禅師に正伝され、ここに一生参学の大事を了畢《りょうひつ》されたのである。

その年の八月いよいよ日本に帰国することとなるが、明日出帆という前夜に、たまたま「碧巌録」をご覧になり、得難い良書であるというので、それを借りて一夜の中に書き写そうとされた。夜は刻々更けてゆく中で、筆写は容易にはかどらない。禅師も心もとなく思う中でいつしか白衣の神人が現われて、黙々として助筆なされ、夜明け前に写し了ることができた。禅師は深く感謝され、その姓名を尋ねると、

「吾は日本の白山権現《はくさんごんげん》なり」

と答えられたという。

帰国に当り、如浄禅師は侍者に命じて道場を荘厳させ、道元禅師を招き、芙蓉道楷《ふようどうかい》禅師の法衣と自賛の頂相《ちんそう》、洞山良价《りょうかい》禅師の「宝鏡三昧」「五位顕訣」各一巻を授けた。その時の垂誡は次のとおりであった。

「汝異域の人なるを以って、これを授けて信を表わす。国に帰りて化を布き、広く人天を利せよ。城邑聚落に住することなかれ。国王大臣に近づくことなかれ。ただ、深山幽谷に居り

て一箇半箇を接得し、わが宗をして断絶せしむることなかれ」――建撕記《けんぜいき》――

このようにして一二二七年八月、日本に帰国の途につくが、途中東シナ海の洋上で暴風雨に遇い、船は今にも覆えんばかりであった。道元禅師は甲板の上で静かに坐禅をされていたが、やがて端厳《たんごん》微妙《みみょう》な観音様が、一葉の蓮の花びらに乗って船の先に現われ、間もなく雨風が収まり浪も次第に静かになって、無事航海を続け、肥後の国河尻の港に安着することができた。時に禅師は二十八歳であった。期せずして如浄禅師は、一二二八年七月十七日、世寿六十六歳を以って遷化された。

三、帰国後の最初の教え

一二二七年八月、二十八歳で四年振りで日本に帰国した道元禅師は、九月に思い出深い京都建仁寺に寓居《ぐうきょ》された。先ず栄西禅師の墓を拝し中国より持ち帰った明全和尚の舎利を葬り、ねんごろに法要した。その頃の京都は承久乱後で非常に荒廃しており、人心の頽廃もひどいものであった。このような風潮は、建仁寺にも及び、最早栄西禅師、明全和尚在世時の禅道場としての厳粛な気風は、全くその影をとどめるものではなくなっていた。この実情に深く心を痛められた道元禅師は、その年の十月「普勧坐禅儀」一篇を選述されている。それを拝覧してみよう。

仏道はもともと完全に人々に備わっているもので、修行をして悟りを開いて手にするものではない。又人々は本来、最も尊い教え（宗乗）を自由自在に使っており、坐禅工夫の助けが必要というものではない。従って我々は、本来迷・悟・凡・聖の塵や埃をはるかに超越しており、今更罪・けがれを払う手段は本来必要ない。そこで何時も此処が極楽の真只中であり、修行の手段は元《もと》から必要ない。

（「原《たづ》ぬるに夫れ、道本円通《どうもとえんづう》争《いか》でか修証《しゅしょう》を仮らん。宗乗自在《しゅうじょうじざい》何《なん》ぞ功夫を費《ついや》さん。況《いわん》や全体迥《はるか》に塵埃《じんあい》を出づ、孰《たれ》か払拭《ほっしき》の手段を信ぜん。大都当処《おおよそとうじょ》を離れず、豈《あに》修行の脚頭《きゃくとう》を用《もち》いる者《もの》ならんや。」）

しかし現実の我々の実際の生活を見ると仏様の生活とは正反対で、不安と苦痛に満ちている。それは自我意識に執われるごくわずかの差があるからであり、自分の気に入るとか気に入らないということ（違順《いじゅん》）を持っているからである。たとえ自分は、仏教を理解しているという知識を誇り、悟りも十分に開いていると思い上って、ちらりと悟りの光（瞥《べっ》地の智通）を見ただけで自分は大悟した（道を得《え》、心《しん》を明らめた）と思い込んで自信満々になっても、それはほんの少し仏道に頭をつっ込んだ（入頭《にっとう》の辺量）だけであって、その仏道からおどり出て、自由自在の生活をすることには遥かに及ばない（出身の活路を虧闕す）。（「然《しか》れども毫釐《ごうり》も差あれば、天地懸《はる》かに隔《へだた》り、違順《いじゅん》纔《わずか》に起《おこ》れば紛然《ふんねん》として心《しん》を失《しっ》す。直饒《たとえ》会《え》に誇《ほこ》り悟《ご》に豊かにして瞥地《べっち》の智通《ちつう》を得、道《どう》を得、心《しん》を明らめて、衝天《しょうてん》の志気《しいき》を挙《こ》し、入頭《にっとう》の辺量《へんりょう》に逍遥《しょうよう》すと雖も、幾《ほと》ど出身の活路《かつろ》を虧闕《きけつ》す。」）

よく知るべきは、お釈迦様さえ六年間、坐禅を続け悟りを開かれた。又少林寺では達磨大師が、九年間も面壁坐禅されて、悟りの道を伝えられた。古人さえこのような努力をされた。今の人が何で坐禅をしないで済ますことができよう。（「矧《いわ》んや彼の祇園《ぎおん》の生知たる、端坐六年の蹤跡《しょうせき》見つべし。少林の心印を伝ふる面壁九歳の声名《せいめい》尚《な》ほ聞《きこ》ゆ。古聖既《すで》に然《しか》り。今人盍《なん》ぞ弁ぜざる。」）

だから言葉や文章を尋ね回ったり、逐い回したりするような思想的研究を休《や》めよ。須く智慧の光を外側に向けないで、自分自身を照らし、自分は何者かを突きとめるようにせよ。これこそ世間一般の学問とは反対の退歩《たいほ》の道である。このように正しい坐禅を続けていくと、自然に悟りが開け（身心脱落）、本来の自分自身の面目がはっきり現われてくる。この通りの悟りを得ようと思うならば、急いでこの通りの坐禅を実行せよ。
(「所以《ゆえ》に須《すべから》く言《こと》を尋ね語《ご》を逐《お》うの解行《げぎょう》を休す可《べ》し。須く回光返照《えこうへんしょう》の退歩《たいほ》を学すべし。身心自然に脱落して、本来の面目現前せん。恁麼《いんも》の事《じ》を得んと欲せば急に恁麼の事を務《つと》めよ。」)

そこで参禅に当っては、静かな部屋が好ましい。食事も節度を心掛け、一切万事を棚上げして、自分勝手な是非善悪の考えを捨てて、頭の中をカラにして、仏になりたいという思いさえ頭においてはいけない。また坐禅の時だけではなく、日常生活を常に油断なく修行を心掛けなければならない。
(「夫れ参禅は静室宜《じょうしつよろ》しく、飲食《おんじき》節あり、諸縁を放捨《ほうしゃ》し、万事を休息して善悪を思わず是非を管することと莫れ、心意識の運転を停《や》め、念想観の測量を止《や》めて、作仏を図《はか》ること莫れ。豈坐臥に拘《かかわ》らんや。」)

さて坐禅に当っては、厚く坐ぶとんをしいて、その上に丸い尻あてを用いる。そして、或いは結跏趺坐《けっかふざ》でも、或いは半跏趺坐《はんかふざ》でもよろしい。結跏趺坐は、先ず右の足を左のものの上にのせ、それから左の足を右のもものの上にのせる。半跏趺坐というのは、ただ左の足を右のもものの上にのせるだけで、右の足は左のももの下に入れておくだけでよろしい。着物はあまり窮屈にならぬよう、ゆるやかにつけて、しかもきちんとしておくように心掛ける。

次に右の手を左の足の上に仰向けにおき、その上に左の手を仰向けに重ね、両方の親指の先が軽くつくようにする。そして身体をまっすぐにして、左にも右にも傾かないよう、前にも後にも、まがらないようにする。耳と肩とが垂直になり、鼻の先端とおへそが垂直になるよう姿勢をととのえる。

口は軽く結んで、舌の先を上あごにつけて、口びると歯をそっとあわせ、目は常に開くようにする。呼吸は鼻から静かにする。このように身のかまえかたをととのえてから、深呼吸を一〜二度大きくやって、次に身体を左右に振り子のように動かす。始めは大きく、次第に振幅を小さくして、真中で止まるようにする（左右揺振）。

それから、どうしりと坐り、丁度山のように微動だもしない状態にしていく。そこで精神統一に入るが、実行に当っては、最初は正しい師匠について懇切な指導を受けることが肝要である。特に「箇の不思量底を思量せよ。不思量底如何が思量せん。非思量これ乃ち坐禅の要術なり」については、正師について具体的な指導を受けなければ、真の要領を理解することは不可能である。さもないと、自己満足の単なる静坐法を以って、正伝の仏道の坐禅と見誤ることとなってしまうからである。

（「尋常《よのつね》坐処には厚く坐物を敷き、上に蒲団《ふとん》を用ゆ。或《あるい》は結跏趺坐《けっかふざ》、或は半跏趺坐《はんかふざ》。謂《いわ》く結跏趺坐は、先ず右の足を以て左の股《もも》の上に安《あん》じ、左の足を右の股の上に安ず。半跏趺坐は但《た》だ左の足を以《もっ》て右の股《もも》を圧《お》すなり。寛《ゆる》く衣帯を繋《か》けて斉整《せいせい》ならしむべし。次に右の手を左の足の上に安《あん》じ、左の掌《たなごころ》を右の掌の上に安ず。両の大拇指面《むか》ひて相拄《ささ》う。乃ち正身端坐して、左に側《そばだ》ち、右に傾き、前に躬《くぐ》まり、後《しりえ》に仰《あお》ぐことを得ざれ。耳と肩と対し、鼻と臍《ほぞ》と対せしめん事を要す。舌《した》上の腭《あぎと》に掛けて唇歯《しんし》相い着け、目は須《すべから》く常に開くべし。鼻息《びそく》微《かすか》に通じ、身相既《すで》に調《ととの》えて、欠気《かんき》一息し、左右揺振《ようしん》して、兀兀《ごつごつ》として坐定《ざじょう》して、箇の不思量底を思量せよ。不思量底如何が思量せん。非思量。是れ乃ち坐禅の要述なり。」）

今云うところの坐禅は、習禅（無念無想になる禅）ではない。只これ安楽の法門であり、仏道を究め尽くす修行であり、悟りの実現実行である。この仏道が実現すると、羅《ら》（あみ）や籠《ろう》（かご）に自由を奪われることが無くなり、竜が水を得、虎が山に構えたように、何人も近寄り難い絶対の権威を具えるようになる。よくよく知るべきは、真の仏道が現前して、昏沈の病いも散乱の病いも一辺に吹き飛んでしまう。
（「所謂《いわゆる》坐禅は習禅《しゅうぜん》には非ず。唯是れ安楽の法門なり。菩提を究尽《ぐうじん》するの修証《しゅしょう》なり。公案現成《こうあんげんじょう》羅籠《ろう》未だ到《いた》らず。若し此意《このい》を得ば、竜の水を得るが如し、虎の山に靠《よ》るに似たり。当《まさ》に知るべし、正法自《おのづか》ら現前して、昏散《こんさん》先ず撲落《ぼくらく》することを。」）

若し坐禅から立つ時は、ゆっくり身体を左右に動かして静かに立ち上る。軽卒乱暴ではいけない。昔から凡人を超え、悟りすました聖人の境地をも超え、坐ったままで死んだり（坐脱）、立ったまま死んだり（立亡）する人がいるが、皆この坐禅の力でできるものである。或いは、古人には指一本で人を悟らせたり、旗竿をぶっ倒せと云われて大悟したり、鉢一ぱいの水の中に一本の針を入れて悟りの境地を示したり、鎚をカチーンと打って仏法の極意を示したり、払子を一振りしたり、こぶしを突き出して法の極意を説いたり、棒で打ったり一喝して仏道の精神を示したりという例があるが、これ等の働きは、理屈や観念でわかるものではない。また神変不可思議な通力や修行や悟りの力で知ることはできない。すなわち物と心の対立の世界の話ではなく、すべての対立を超えた世界のものであり、従って絶対権威（威儀）を持つものであるから、決して思想や観念でわかろうとしてはならない。

（「若し坐より起たば、徐徐として身を動《うごか》し、安詳《あんしょう》として起つべし。卒暴なる応《べか》らず。嘗《かつ》て観る、超凡越聖《ちょうぼんおっしょう》、坐脱立亡《さだつりゅうぼう》も、此力《このちから》に一任することを。況《いわん》や復《ま》た、指《し》、竿《かん》、針《しん》、鎚《つい》を拈ずるの転機、払《ほっ》、拳《けん》、棒《ぼう》、喝《かつ》を挙するの証契《しょうかい》も、未だ是れ思量分別の能く解《げ》する所に非ず。豈神通修証《あにじんづうしゅしょう》の能《よ》く知る所とせんや。声色《しょうしき》の外の威儀《いいぎ》たるべし。那《なん》ぞ知見の前の軌則《きそく》に非《あら》ざる者《もの》ならんや。」)

従って頭の良い悪いは関係ない。専一に坐禅の功を積みさえすれば、仏道そのものなのである。坐禅すればしただけの証が必ずあるが、だからといって別に変ったことが起こるわけではない。坐禅すればしただけ、その人の心境は進むが、いくら進歩しても別に平常と変ったものが出てくるものではない。

この世界も仏の世界も、インドでも中国でも日本でも、何処へ行っても仏道の極意は変らない。仏道の宗風はただただ坐禅を務めて、坐禅の外にやることがなくなる迄になることで、仏道の修行には色々あるが、ひたすら坐禅弁道するだけで良いのである。

(「然《しか》れば即ち上智《じょうち》下愚《かぐ》を論ぜず、利人鈍者《りじんどんしゃ》を簡《えら》ぶこと莫《なか》れ。専一に功夫せば正《まさ》に是れ弁道なり。修証自《おの》ずから染汚《ぜんな》せず。趣向《しゅこう》更に是れ平常なる者なり。凡《およ》そ夫れ自界他方《じかいたほう》、西天東地《さいてんとうち》、等しく仏《ぶっ》印《ちん》を持し、一《もっぱ》ら宗風を檀《ほしいまま》にす。唯打坐《ただたざ》を務《つと》めて兀地《ごっち》に礙《さえ》らる。万別千差《ばんべつせんさ》と謂《い》うと雖も、祇管《しかん》に参禅弁道すべし。」)

それなのに、どうして自分の家を投げ捨てて他国に流浪の旅を続け、色声香味触法《しきしょうこうみそくほう》の六塵の世界に執われているのか。それは一歩を誤って本来の光明の世界からすれ違ってしまったからである。我々は立派な人身の性能を持っているのに、坐禅をせず、無駄な月日を過してはいけない。坐禅という仏道の大切な働きを我々は保任しているのに、はかない人生をウカウカと過してはならない。そればかりか、我々の肉体は露の如く短かく、我々の命は電光のようにはかない。アッという間に忽ち消えて無くなってしまうぞ。

(「何ぞ自家《じけ》の坐牀《ざしょう》を抛却して、謾《みだり》に他国の塵境《じんきょう》に去来《きょらい》せん。若し一歩を錯《あやま》れば当面に蹉過《しゃか》す。既に人身の機要《きよう》を得たり。虚《むなし》く光陰を度《わた》ること莫れ。仏道の要機《ようき》を保任す。誰か浪《みだ》りに石火《せっか》を楽まん。加以《しかのみならず》、形質《ぎょうしつ》は草露《そうろ》の如く、運命は電光に似たり。倏忽《しゅっこつ》として便《すなわ》ち空《くう》じ、須臾《しゅゆ》に即ち失《しっ》す。」)

　従って乞い願うことは、参禅学道の尊い人々よ。盲人が象をさすって、さぐり当てた所だけで象の全体と思う愚を犯してはならない。真実をずばり示す仏道である坐禅に精出して努め、本当の悟りを開いた人を尊敬し、仏道にピッタリ叶うように努力し、祖師方が伝えてきた坐禅の道を受け継いでいくようにせよ。久しくこのように精進を続けていけば、「宝のお蔵が自然に開けて、思い通りにそのお宝を使いこなすこと」ができるようになるぞ！

(「冀《こいねがわ》くは夫れ参学の高流《こうる》、久しく模象に習って、真竜を怪《あやし》むこと勿《なか》れ。直指端的《じきしたんてき》の道《どう》に精進し、絶学無位《ぜつがくむい》の人を尊貴し、仏々の菩提に合沓《かっとう》し、祖々の三昧《さんまい》を嫡嗣《てきし》せよ。久しく恁麼なることを為さば、須《すべか》らく是れ恁麼なるべし。宝蔵自《おのずか》ら開けて、受用如意《じゅようにょい》ならん。」）

この「普勧坐禅儀」こそ道元禅師が如浄禅師より継承した仏祖伝来の正法を各人が吾が身心の上に実現実行する具体的方法を明示したもので、我が国に釈尊の正法が定着するための最初の具体的教えであるといって過言ではない。

四、悟後の修行に努める

建仁寺の荒廃に落胆した道元禅師は、此処に二年余留まった後、一二三〇年（三十一歳の時）山城深草の安養院という廃寺に移られた。これは一つには叡山の圧迫があったのと、もう一つは城邑聚落に住することなかれという如浄禅師の教えが頭にあったからであろう。ここで禅師の高潔な宗風を慕って訪れる道俗も次第に多くなったと思われるが、禅師は、しばらくは悟後の修行に専念しようと覚悟されていた。そして翌一二三一年八月（三十二歳の時）、「正法眼蔵弁道話《べんどうわ》の巻」を選述されている。

この弁道話の和訳文を拙著「坐禅に活かす「正法眼蔵」現代訳抄」から引用してみよう。

釈迦牟尼仏をはじめとする三世十方の諸仏如来が、一人の例外もなく行なう仕事は何かというと、「妙法を単伝して阿耨菩提《あのくぼだい》を証する」ことである。妙法とは甚深微妙の仏法ということで仏道のこと。それを単伝するというのは、伝えるべき仏道は本来なかったという事実を師匠から弟子へ伝えることをいう。この事実はこの上なく尊いものなので、阿耨菩提（無上道）と言い、この事実を単伝するためには、師匠も弟子もこの事実を大悟《だいご》徹底（証する）ことが必須条件である。そしてこの事実を大悟徹底する最上でごく自然の方法（妙術）がある。これは何千年何万年何億年の間、仏から仏へ純粋に間違いなく伝えられた「自受用三昧《じじゅようざんまい》」と呼ばれる標準の方法で、具体的には坐禅をすること（端坐）と明眼の師について入室独参（参禅）することが正しい門である。坐禅も独参も最初は当然つらい修行であるが、それを続けていくと、やがては、その三昧をちょうど子供が遊戯するように楽しむことができるようになる。この時、真の仏道がわが身の上に現成することができるようになる。

さてこの妙法、阿耨菩提と呼ばれる仏道は、もともとすべての人々にゆたかにそなわっているのであるが、この事実を知っている人間は一人もいない。必ず仏祖方の教導に従って修行し、その事実を大悟する体験がなければこの身の上に実現することはできない。そしてこの事実をひとたび体現してみると、立つも坐るも泣くも笑うもすべてが妙法であり、ほめるのも、叱るのも、けなすのも、すべてが阿耨菩提の丸出しであるという事が納得できる。

諸仏も衆生も、実は無限の過去から無限の未来に至るまでとこしなえに、この妙法あるいは阿耨菩提と呼ばれるところの仏道の真只中に安住し自由自在に使用しているだけであって、そこに主観（知覚）だの客観（方面）だのという区別はどこにもない。客観といえば客観だけで主観はない（各各の方面に知覚をのこさず）。主観といえば主観のみで客観はない（各各の知覚に方面あらわれず）。という生活をしている。これが諸仏及び衆生の本来の姿である。

（いまここで道元禅師が示される）端坐参禅という功夫《くふう》弁道の道は、立つ坐る泣く笑うという万法が、そっくりそのまま悟りの丸出しであることを知らしめる道（証上に万法をあらしめ）であり、さらにその悟りへの執着から抜け出して（出路）、立つ時は立つきり、坐る時は坐りっきりという一行三昧（一如）の生活ができるようになる道であり、さらには悟りだの悟りへの執着から抜け出したという関門を超越（超関脱落）して一切の節目の無い、元の木阿弥の生活ができるようになる道なのである。

予（道元禅師）は八歳のとき母の死にあい、痛切な無常を観じて深く出家求道の志を起こした。十三歳のある夜ひそかに館を出て比叡山の良顕法眼を尋ね強い出家の意志を打ち明けた。十四歳で出家得度し比叡山で大小乗の経論を学び、さらに名師宗匠を尋ねて熱心に参問した。十八歳の秋、建仁寺の栄西禅師に参じ、一問一答のもと大疑団を解決した。まもなく栄西禅師が遷化されたので、禅師の第一の弟子である明全和尚の弟子となって、天台宗から臨済宗の比丘僧となって修行を続け、早くも九年の歳月が流れた。ついに顕・密・禅の三宗の正脈の伝授を明全和尚より受け、その嫡嗣となった。明全和尚は、「ひとり無上の仏法を正伝されており」他の追随を許さなかった。しかし予は明全和尚から印可された仏道では満足できず、その内容をかさねて確認しようと決定《けつじょう》して大宋国におもむいた。そして浙東浙西《せっとうせっせい》にすぐれた指導者を求め、法眼・潙仰・曹洞・雲門・臨済五宗の家風を学び、ついに太白峰の如浄《にょじょう》禅師に参じて「身心《しんじん》脱落」の一語のもと、大悟を体験し、ついに「一生参学の大事ここにおわりぬ」という宣言を発することができた。

かくして大宋国紹定のはじめ日本に帰国したが、この日本国において仏の正法を弘めて人々を救いたいというおもいが高まってきた。それはちょうど重い荷物を両肩に背負うような気持であった。しかしながら、日本に正法を弘通する必要がなくなってその心を放下するほどに仏法が日本に激揚し流布する時が来るのを期待するので、しばらく自分は雲遊《うんゆう》萍寄《ひょうき》（雲が空に遊び浮草が川の流れに従う）で悟後の修行に専念して古聖先哲の遺風にしたがい、その遺風を世間に知らしめたいと思う。

しかし名利の念を捨てて、ひたすら道念をさきとする真実求道の士が現われ、その人達が、いたずらに邪師にまどわされて、仏道に対する正しい理解をおおいかくし、むなしく無明の酒に酔って、迷いの世界に沈淪するならば、どうして般若正智の種子を長養し、得道明心の時節を得ることができようか。

自分はいま雲遊萍寄をこととしているので前述の求道の士が、どこへ行って誰を尋ねてよいかわからないのをあわれむので、自分が大宋国でまのあたり禅林の風規を見聞し、善知識の示された玄々微妙の精神を親しく聞いて記憶しているかずかずを、しるし集めて参禅学道の道人にのこし、仏家の正法を知らしめんと思う。これこそ正真正銘の仏法の真訣《しんけつ》(秘訣)ではないだろうか。

その真訣の第一は、大聖世尊釈迦牟尼仏が霊鷲山《りょうじゅせん》において説法の坐に上られたとき、大梵天王が美しい金波羅華《こんぱらげ》を釈尊に献上した。釈尊がその華を拈じて大衆に示されたとき、大衆はただ茫然とするなかで、ひとり摩訶迦葉《まかかしょう》尊者のみ破顔微笑した。これをご覧になった釈尊が、

「吾に正法眼蔵・涅槃妙心・実相無相微妙の法門あり。不立文字《ふりゅうもんじ》・教外別伝《きょうげべつでん》なり。摩訶迦葉に付嘱す。」

と仰せになって仏法を迦葉尊者に伝えた。爾来祖々正伝して、第二十八祖菩提達磨大師に伝わった。達磨大師は自ら中国にわたって第一祖となり、法を慧可大師に伝えた。これが西天インドから東地中国に真実の仏法が伝来したはじめである。

このように祖々単伝して、おのずから六祖大鑑慧能《えのう》禅師にいたる。このとき真実の仏法が中国（東漢）に流伝して、経論や言句文字の枝葉に拘泥しない活きた仏道の妙旨があらわれたのである。ときに六祖に二人のすぐれた弟子が現われた。一人は南嶽懐譲《なんがくえじょう》禅師であり、もう一人は青原行思《せいげんぎょうし》禅師である。この二人は共に仏心印を伝持して、人間界・天上界の導師となられた。この二派の仏法が広く天下に流通して、やがて五門がひらけた。すなわち法眼宗・潙仰宗・曹洞宗・雲門宗・臨済宗の五家である。現在大宋国では臨済宗のみが天下にあまねく行なわれている。五家はそれぞれ特長はあるが、ただ一仏心印《ぶっしんいん》を伝えるという点では優劣はない。

大宋国も後漢の明帝のときに仏教がはじめて伝来し、仏教教理の翻訳が盛んに行なわれその研究がほとんど全土に広まったけれども、論議紛々として優劣が定まらなかった。それからおよそ五百年後、達磨大師がインドから中国に来られ、直ちに言句文字にかかわる葛藤の根源を切断して、純一無雑の仏法が天下にひろまった。わが日本も欽明天皇のとき、仏教が伝来してからおよそ五百年、経論の研究や加持祈祷が行なわれて、未だ真実の仏法は伝わっていない。これからわが日本においても中国と同様、真実の仏法が全土に行なわれんことを乞い願うものである。（このように述べられて道元禅師自らがその任にあたらんとする強い決意を述べられたものと思われる）

さて仏法を代々住持してこられた諸仏諸祖の自受用三昧といわれる端坐の中味は、まさに坐禅を実行して悟りを開くという正しい道そのものである。西天のインドにおいても東地の中国においても、仏祖方をはじめとして悟りを得た何千何万という人々は、みなこの坐禅をして悟りを開くという方法に従ってきた。そして多くは師匠から弟子（師資）へひそかにこの妙術（坐禅）を正伝し真訣（真の悟りの中味）を伝えて今日まで来た。

わが曹洞宗門の正しい伝統は、坐禅を実行して悟りを開きその中味を師匠から弟子に誤りなく伝える（単伝）という真正直《まっしょうじき》の仏法であって、最上のなかでも最上の道である。そこで善知識に相見し真の仏道に参ずるはじめから、焼香・礼拝・念仏・修懺《しゅさん》・看経《かんきん》等の行事は一切必要ない。ただ専一に坐禅して、身も心も完全に忘れ果て去る（身心脱落）大悟徹底の体験をすることが必要である。

そこでもし一人でも、そしてたとえ一時でも、身口意の三業に仏印を標して（姿勢を正し深呼吸で息を調え数息観で心を調える）真剣に手と足を組んで坐禅をするとき、その人はそのまま仏となり悟りを実現実行することとなると同時に、全宇宙が仏となり悟りの実現実行となる。このとき諸仏如来は本来の法の楽しみが増して、仏国土の荘厳が一層輝きを増してくる。その上さらに十方世界の三途《さんず》（地獄・餓鬼・畜生の三悪道）それに修羅・人間・天上の三界を加えた六道の生物が、全員一斉に身も心も正しい智慧の光明にてらされて清浄《しょうじょう》となり、大解脱の境地を得て、本来の面目たる真の自己が現前する。そうなると天地万物がみな仏身となり、さらには悟ったの仏になったなどという臭味（辺際《へんざい》）も一ぺんに超越して、仏の宝坐に端坐して、一時に無上道の大法輪を転じ、最上究極にしてごく自然の深い深い般若の悟りの智慧を開示し演法する（のべる）こととなる。

このように菩薩最上位の等覚と仏の正覚を実現する坐禅を続けていくと、その力が当人の知らないうちに当人に影響して、その坐禅人が確かに身心脱落という悟りに導かれて、今までああでもないこうでもないと頭に描いていた知識・見解・思想・観念をぶち切って、天真爛漫な仏法に証入し本来の自己を会得することができる。（これを大死一番大活現成といい大悟の体験という）またこの大悟の体験があって初めて、無量無辺の諸仏如来の道場ごとに仏事のお手伝いをすることができ、ひろく仏になろうとする修行者を育て、よく最上の仏法をますます発揚することができる。

このとき十方法界すなわち全世界の土地草木・牆壁瓦礫がみな仏事をなすから、この十法界のなかで起こるところの風や水のおかげをこうむる人々は、ことごとく甚深《じん》微妙不可思議の仏の化導に知らず知らずのうちにたすけられて、本来の自己を少しずつでも悟るということが珍らしいことではなくなる。この水や火のおかげをこうむる人々は、みな本具仏性の自然作用が働くから、この人々と行住坐臥を共にし言語応対を同じくする者もまたことごとく互いに無窮の仏徳がそなわって間断なく発展し、どこまでも不可思議ではかることのできない仏法を、無限の宇宙の内外に流通することとなる。

さて以上に示した広大な功徳が坐禅にあるのに、これを実行するすべての人々の知覚に上ってこないのはどうしてかというと、止静中《しじょうちゅう》（坐禅中）は、坐禅そのものが無造作に証（悟り）を直示しているからである。もし普通の人が考えるように、修行と証悟が二つ別々のものであるならば、これは修行でこれが悟りだとおのおの別々に覚知することになるであろう。しかしこれが悟りだと覚知するものは本当の悟り（証則）ではない。なぜなら本当の悟りは一切の迷情（二元対立の迷いとその迷いから生ずる感情や意識）とは全く関係がないからである。（このことは悟りの体験が無い者には夢にも知らざる世界である）

また主観（心）と客観（境）は本来一つのものであるから、坐禅中悟りの姿として出たり入ったりするが、それらは自己本来の面目（自受用）の自然作用であって、どんな境界が現われても、本質は一塵もうごかず一相もやぶらず、ただ広大な仏事、甚深微妙な仏の化導が行なわれているだけである。そしてこの化導がおよぶところの草木土地が、おのおの本来の姿を現わし本来の働きを存分にしていることがわかる。
草木牆壁（非情の代表＝十界の依報）と凡聖含霊（有情の代表＝十界の正法）は、お互いがお互いのために、仏法を宣揚し開演し演暢し（のべ）ている。また自覚（自らが悟ること）と覚他（他をして悟りを開かしめること）の境界は、その悟りの中味において全く同じであって、どちらが欠けているということはない。衆生本来仏の真実の悟りがどこまでもおこたりなく続くだけである。

以上のようなわけであるから、わずか一人が一時の坐禅をしただけでも、一切の全空間と全時間と知らぬ間に通ずるので、限りなき十法界のなかに、しかも過去・現在・未来の三世にわたって、常恒不断の仏の教化と仏事をなす結果となる。従って坐禅する人と世界（彼彼）は共に一体となって修行をし悟りを現わすのである。これは単に坐禅を修行しているときだけに限らない。ちょうど鐘を撞くとひびきが出るが、本具の仏性のひびきは、鐘を撞く前も撞いた後もその妙なる音は綿々とひびき渡っている。このような道理だけに限らない。実は百草頭上天地万物の一つ一つが本来の面目を現わして、本格の修行を展開し、はかりしれない仏事をなすのである。

従ってよくよく知るべきは、たとい十方無量のガンジス河の砂の数程の諸仏が、共に力をあわせて、その仏の智慧をもって、一人一時の坐禅の功徳をはかり知りきわめんとしても、とてもとてもその周辺にさえとどくことはできないのである。

以上が弁道話の本文であり、その中で道元禅師は、仏道の本質を明示すると共に、その仏道の本質を各人の身心の上に具現化する（大悟する）最上の方法である坐禅の具体的方法を明示して、その坐禅の功徳が如何に広大であるかを、

「十方無量恒河沙数の諸仏、ともにちからをはげまして、仏智慧をもて一人坐禅の功徳をはかりしりきわめんとすといふとも、あえてほとりをうることあらじ」

とまで言明されておられる。

そしてこの本文に続き、更に十八問答を設け、修行者の疑問に答えておられる。それを要約すると、次のとおりである。

「問一、仏法には多くの門があるのに、どうしてひたすら坐禅だけをすすめるのか。」

「これ（坐禅）が仏法の正門だからである。」

「問二、どうして坐禅だけが仏法の正門なのか。」

「それは釈尊が得道の妙術として伝えてきたのが坐禅であり、また過去・現在・未来三世

の如来がみな坐禅により得道してきたからである。」

「問三、読経や念仏も悟りの因縁となるでありましょう。それを一切やめて何もしない坐禅が何故悟りを得る手段方法なのか。」

「その考えは大乗の尊い教えを誹謗するものである。七仏伝来の妙法は、得道妙心《とくどうみょうしん》（大悟徹底）の師匠に、契約証会《けいやくしょうえ》（大悟徹底）の学人があいしたがって正伝してきたもので、これにより的旨（仏道の極意）が師匠から弟子へ間違いなく授受されてきた。この事実は文字習学の法師の夢にも知り及ぶものではない。」

「問四、古来天台・華厳・真言等の極妙の仏法の教えがあるのに、何故一途に坐禅をすすめるのか。」

「坐禅は歴代の仏祖方が単伝してきた妙道であり、これによって諸君を真実の学仏道の人たらしめるためである。それには大悟徹底した正師について学ぶべきで、文字をかぞえる学者を尊師とすべきではない。」

「問五、禅定は六波羅蜜（布施・持戒・忍辱・精進・禅定・智慧）の一つであるのに何故坐禅の中に如来の正法が悉く集まっているというのか。」

「坐禅は仏道の全道であって、決してその一部分ではないからである。」

「問六、仏法では行住坐臥の四威儀の中で、何故坐禅をすすめて悟りに入らせようとするのか。」

「それはただ仏法で長い間用いられてきた方法だからであると心得るべきで、このほかに尋ねるべきではない。」

「問七、坐禅は未だ仏法を悟っていない人にとっては重要でしょうが、すでに大悟徹底した人は坐禅で何を期待したら良いか。」

「正しい仏法では修行と悟りは一如である。すなわち修行は悟りの丸出しであるから、悟りに終りも始めも無い。同様に悟りの丸出しが修行であるから、修行に始めも終りも無い。よく心得るべきは、修行することがそのまま悟りを実現実行することなので、仏祖方はしきりに修行をゆるくしてはならないと教えられるのである。そしてこの妙修を続けて最早修行する必要がなくなった（放下）とき、悟りが完全に我が身の上に実現していることに気がつく（本証手の中にみてり）。だがそこにとどまってはいけない。その本証に対する執着の念からも脱却（出身）すると、ただの生活以外に人生はない（妙修通身におこなわる）ことがはっきりする。」

「問八、入唐した諸師達は、何故経典の教えだけを伝えたのか。」

「時節が未だ到らなかったからである。」

「問九、昔の諸師達は、この法を会得していたのでありましょうか。」

「会得していれば世に弘まったであろう。」

「問十、生死の迷いを離れる早道は、この身は生死を繰り返すが心の本性は決して死ぬことはない（心常相滅の見）と考え信ずることだといわれるが本当でしょうか。」

「それは先尼外道《せんにげどう》の見であって、瓦礫を握って金宝というよりもおろかな考えである。本来身心一如・性相不二・常住即寂滅・生死即涅槃が真実であって、生死する自分は何処にもなかったと悟ることが肝要である。」

「問十一、坐禅を行なう人は、戒律を厳しく守る人でなければいけないか。」

「戒を守ることは仏道の家風であるから、必要なことであるが、未受戒の人も、また戒を受けて仏弟子となったが、それを保つことができない者も、坐禅をするのに一向差しつかえはない。」

「問十二、坐禅を修行する人が、さらに真言や天台の行を併せ修行してもよいか。」

「在宋中すぐれた宗匠に聞いたが、未だかつてインドでも中国でも行を兼ねて修行した例は無いとのことであった。やはり一事に専念しなければ、本当の智慧は得られない。」

「問十三、坐禅の行は在家の男女も勤めることができるか。」

「祖師方は『仏法を会得することは、男女、身分の貴賤を区別してはならぬ』と教えておられる。」

「問十四、世務に忙殺される在家も、修行して仏道を手に入れることは可能か。」

「仏祖方は慈悲心から一切衆生を悟らせる広大な法門を開かれている。誰でも正師の教導によって仏道修行することが大切である。」

「問十五、現在の末代悪世にあっても修行すれば悟りを得ることができるか。」

「仏道は自分が持っている宝を自ら受用するだけであって、仏祖から与えられるものではない。悟る悟らんは自ら修行していけば自らわかる筋のもので、それは丁度水を用いる人はその冷暖を自らわかるようなものである。」


「問十六、仏法は即心即仏を説くのであるから、この道理を理解すれば良いのであって、わざわざ坐禅弁道して悟りを開く必要はないのではないか。」

「その言葉はまことにはかない。頭で理解しただけで良いならば、わざわざ釈尊が衆生教化に骨折る必要は全く無い。どうしても大悟の体験がなければ本当に納得はできない。」


「問十七、坐禅しなくても大悟することができるのではないか。」

「仏道修行の根本である坐禅をしないで、悟ることはない。」


「問十八、インドや中国の人達は素直《すなお》であるから、仏法を教化されるとすぐに会得するが、我が国の人々は劣機で、坐禅しても直ちに仏法を悟ることはできないのではないか。」

「真の仏法に証入することは、必ずしも人間界や天上界の世上の才智を要するものではない。すべての人は、本来般若の智慧を備えている。それを信じて本当に修行すれば、利根の人も鈍根の人も皆仏道を体得することができる。」

道元禅師は、この懇切丁寧な十八問答を含む弁道話を示すことにより、「普勧坐禅儀」で明示した坐禅の実行に当って、参禅者が持つであろう疑問点を完全に解消して、専一に修行に専念できる道を確固たるものとされた。

かくして、坐禅という仏法の正門を始めて我が国に導入し定着させて、当時の大宋国においては殆んど滅亡したと思われる正法を日本において興隆させせんとする道元禅師の並々ならぬ決意と信念をここに披歴されたのである。

五、観音導利院での指導

「普勧坐禅儀」・「弁道話」が流布するにつれ、道元禅師の道風は四方に聞こえ、求道者も次第に多くなり、安養院の小院では、これを受け入れる余地が無くなったのであろう。一二三三年(三十四歳の時)極楽寺の旧跡に観音導利興聖宝林寺(観音導利院)を開いた。

ここで特筆すべきは、その年の八月、「正法眼蔵現成公案の巻」を選述して、鎮西の俗弟子である楊光秀に与えていることである。その中味を拝覧してみよう。

すべての存在がそっくりそのまま仏道の丸出しであると大悟した時節がくると、迷悟も修行も生死も諸仏も衆生もすべて仏道そのものであることがわかる。

さらに進んで万法《まんぼう》が我とともに一切空《くう》なりと徹証する時節に出合うと、まどいもさとりも諸仏も衆生も生滅も、一切跡かたもなくなってしまう。

しかし仏法はもともと仏の丸出しである（豊《ほう》）とか一切皆空（倹《けん》）であるとかを超出しているので、生滅なき生滅、迷悟なき迷悟、生仏なき衆生諸仏として復活する。

だが以上は修行の過程における様々な景色であって、真の事実は何かというと、華は愛惜にちり（昨夜の風で桜が一度に散ってしまって惜しいことをしたなあ）草は棄嫌《きけん》におうる（また草が生えてきていやだなあ）のみである。

（「諸法の仏法なる時節、すなはち迷悟あり、修行あり、生あり、死あり、諸仏あり、衆生あり。万法ともにわれにあらざる時節、まどひなくさとりなく、諸法なく衆生なく、生なく滅なし。仏道もとより豊倹《ほうけん》より跳出《ちょうしゅつ》せるゆえに、生滅あり、迷悟あり、生仏あり。しかもかくのごとくなりといへども、花は愛惜《あいじゃく》にちり、草は棄嫌《きけん》におふるのみなり。」）

自我を妄認《もうにん》して自分の外《そと》に万法《まんぼう》ありと錯覚《さっかく》して坐禅修行し、時には悟ったといくら主張しても、それはすべて迷いである。修行して自我というカタマリはもともと無かったと気がつくと、すべての存在がそっくりそのまま本来の自己ばかりであると証することができる。それが本当の悟りである。

迷いの生活がそっくり悟りの丸出しであると大悟できたのが諸仏《しょぶつ》であり、悟りの生活をあたら自我《じが》の迷執《めいしゅう》で大迷《だいめい》と使っているのが衆生《しゅじょう》である。さらに悟った上にもさらに深い悟りを実現する人がいる。またそのような人は、迷いの衆生をあわれんで、衆生済度《しゅじょうさいど》の迷《まよ》いの行《ぎょう》をどこまでも続けていく「迷中又迷《めいちゅううめい》の漢《かん》」となるのである。（道元禅師は以上述べてきた一つ一つが現成公案《げんじょうこうあん》そのものであると示されている）

諸仏が本当に諸仏になったときは、すべて全人格に同化してしまうので、自分は仏であると覚知《かくち》することはできない。しかしながら一段階一段階悟ってそれを消化して仏となっていくのである。従って仏になっていくさまを悟《さと》るという過程《かてい》が必須《ひっす》である。

全身心を全挙して色《いろ》を見、全身心を全挙して声《こえ》を聞く修行を続けていくと、豁然《かつねん》として真の事実を大悟《だいご》する（会取《えしゅ》する）が、それは鏡にうつる影や水にうつる月のように、二つ別々のものが一つになったというものではない。宇宙いっぱいの身心きりで色や声はない。全宇宙声きり色きりで我が身心はどこにもないという事実に気がつくのである。

（「自己をはこびて万法を修証するを迷いとす、万法すすみて自己を修証するは悟りなり。迷を大悟するは諸仏なり、悟に大迷なるは衆生なり。さらに悟上に得悟する漢あり、迷中又迷《めいちゅううめい》の漢あり。

諸仏のまさしく諸仏なるときは、自己は諸仏なりと覚知することをもちいず。しかあれども証仏なり、仏を証しもてゆく。

身心を挙して色《しき》を見取し、身心を挙して声を聴取するに、したしく会取すれども、鏡に影をやどすが如くにあらず、水と月とのごとくにあらず。一方を証するときは、一方はくらし。」）

仏道をならうというのは、本当の自己とは何かを明らかにすることである。本当の自己を明らかにする唯一《ゆいいつ》の方法は、自己を忘《わす》れることすなわち自己というカタマリは本来無かったと悟ることである。自己を完全に忘れ去ると万法が全部本来の自己であることが証《しょう》せられる。万法即本来の自己と徹証《てっしょう》すると、自他の壁がすっかり脱落《だつらく》して、それこそ（道元禅師が体得された）身心脱落脱落身心《しんじんだつらくだつらくしんじん》の境地をあじわうことができる。これを大悟徹底《だいごてってい》という。ところがこの境地に少しでも腰をおろすと、それが悟りの粕《かす》となり迹《あと》となる。そこでさらに厳しい悟後《ごご》の修行《しゅぎょう》を続ける必要がある。そうするとこの悟迹《ごしゃく》（悟りの粕）が次第に消えて「悟ることは本来必要なかった」といえる本来の我に復活することができる。

これこそ真の仏（本来のわれ）と呼ぶべきであろう。だがこれで終りではない。この境界に至ると、本来の自己を見失って迷っている無数の衆生を何としても救わないではいられないという無縁同体《むえんどうたい》の慈悲心にもよおされて、衆生済度《しゅじょうさいど》の大事業に邁進することとなる。これが「休歇《きゅうかつ》なる悟迹《ごしゃく》を長長出《ちょうちょうしゅつ》ならしむ」ということである。

人びとは皆はじめは仏道を求めて仏になろうとするが、それでは真の仏法からははるかに遠く離れてしまって、その近くにさえ寄りつけない。（なぜなら衆生本来仏であるから求める仏などもともと無いからである）

ところが真の仏法はすでに十二分に自分自身に正伝していて申し分ないではないかと大悟すると、忽ち本来の自己に目覚め、そこにどっかりと落ち着くことができる。

（「仏道をならふといふは、自己をならふ也。自己をならふといふは、自己をわするる也。自己をわするるといふは、万法に証せらるるなり。万法に証せらるるといふは、自己の身心および他己《たこ》の身心をして脱落せしむるなり。悟迹《ごしゃく》の休歇《きゅうかつ》なるあり、休歇なる悟迹を長々《ちょうちょうしゅつ》出ならしむ。

人、はじめて法をもとむるとき、はるかに法の辺際《へんざい》を離却せり。法すでにおのれに正伝するとき、すみやかに本分人《ほんぶんじん》なり。」）

人が舟に乗って進むとき、岸の方に目をやると、あたかも岸が動いているように見える。

しかし目を舟の方へ向けると、舟の進んでいることがわかる。それと同じように、わが身心がここにあると乱想《らんそう》して万法が移り変るばかりであると弁肯《べんこう》すると、自心自性《じしんじしょう》は常住《じょうじゅう》でどこにもいかないと誤《あや》まる。（その最大なものは、自分の肉体は死ねば消滅するが、魂は不変でどこまでも続くという心常相滅《しんじょうそうめつ》の邪見《じゃけん》となる）もし自分の行動を親しく参究して、自己本来の面目を大悟大徹してみると、万法はこれ無我であるという事実がはっきりする。

　薪《たきぎ》は燃えて灰となる。灰がもとの薪《たきぎ》に戻ることはない。（これは我々の常識であるが、事実は薪は灰とならない。従って）灰は後、薪は先と見てはならない。薪はそこに薪としてあるように見えるが、さきもあとも前も後もない。前後際断《ぜんごさいだん》である。灰は灰としてそこにあるように見えるが、後も先も前も後もない。（やはり前後際断《ぜんごさいだん》である）かの薪《たきぎ》が灰《はい》となったのち再び薪とならないように、人が死んだ後再び生となることはない。（生も死も前後際断である）従って生が死になるといわないのは仏法の常識《じょうしき》である。そこで不生《ふしょう》という。また死が生にならないのも同じく仏法の常識である。この故に不滅《ふめつ》という。（不生不滅《ふしょうふめつ》というのは、生死する主体がない事実をいう）そこで生のときは生の一時のくらいのみであって死はない。死のときは死の一時のくらいのみであって生はない。ちょうど冬と春との関係のようなものである。冬が春になったとは思わない。春が夏になったともいわない。

（「人、舟にのりてゆくに、目をめぐらして岸を見れば、岸がうつるとあやまる。目をしたしく舟につくれば、舟のすすむをしるが如く、身心を乱想して万法を弁肯《べんこう》するには、自心自性は常住なるかとあやまる。もし行李《あんり》をしたしくして箇裏に帰すれば、万法のわれにあらぬ道理あきらけし。
薪は灰となる、さらにかへりて薪となるべきにあらず。しかあるを、灰はのち薪はさきと見取すべからず。しるべし、薪は薪の法位に住して、さきありのちあり。前後ありといへども、前後際断せり。灰は灰の法位にありて、のちありさきあり。かの薪、灰となりぬるのち、さらに薪とならざるが如く、人のしぬるのち、さらに生とならず。しかあるを、生の死となるといはざるは、仏法のさだまれるならひなり。このゆえに不生といふ。死の生にならざる、法輪の定まれる仏転なり。このゆえに不滅といふ。生も一時の位なり、死も一時の位なり。たとへば、冬の春とのごとし。冬の春となるとおもはず、春の夏といはぬなり。」)

人が悟りを得るあり様はどうかというと、水（我々）に月（悟りの光）がやどるようなものである。月もぬれない、水も少しも変らない。月の光は無限に広がっており少量の水にもうつる。天にうかぶ、まん丸の月は、草の露にも一滴の水にも完全にやどる。（このように上智下愚を論ぜず、欧米人でも日本人でも、仏教徒でもキリスト教徒でも、男でも女でも平等に照らされており、誰にでも悟ることはできる）

そして悟りと悟った人とは互いにさまたげることはない。ちょうど月の光が水をうがつことはないのと同様である。人が悟ったといっても別に人間ばなれしたものになるのではない。ちょうど露に満月がうつっても露は何ら変らないのと同様である。しかしながら、悟りの深さは修行の熱心さ（たかさ）の分量に比例する。また境涯の熟未熟の時節到来《じせつとうらい》の長短は、志の深浅大小・修行の長短・熱意の大小等（大水小水）によって決まる。従って常に自分の修行を反省して、悟りの月の光（天月《てんげつ》）がどこまで広くなり明瞭となり確信あるものとなったかを弁取《べんしゅ》しなければならない。（この味は自《みずか》ら二十年三十年実地に修行したものでなければわからない）

わが身心に仏法が未だ十分にそなわらないうちは、かえって仏法を十分に心得たという錯覚《さっかく》に陥る。（特に最初の見性《けんしょう》〈悟り〉が少々手ごたえがあると、鬼の首でも取ったような気になり、自慢して参禅を怠けるようになる。そんなことなら最初から坐禅などしない方がよっぽどよい。しかし見性後の公案の調べでしぼられていくと、自分の体験がいかに不十分であったかがわかり、さらに次第に明らかになる真の仏道と自らの境涯とが如何に大きな開きがあるかがわかって、次第に常に物足りなさを感じて、いたたまらなくなってくる。これこそ修行が本調子になってきた証拠である）

例えば船に乗って山も見えない海の中を行って四方を見ると、ただまるく見えるだけで外《ほか》の相は見えない。しかしこの大海は実はまるくもなく四角でもない。ましてそのほかの海徳《かいとく》は限りなく、我々の想像をはるかに超えている。（その一例を挙げれば）一水四見《いっすいしけん》といって、我々人間には水と見えるが、魚には宮殿と見え、天人には瓔珞《ようらく》（玉の首かざり）とうつり、餓鬼には濃血《のうけつ》となる。それを人間はただ眼の及ぶところ海はまるいと見るだけである。これは海の話ばかりではない。万法と呼ばれる現象界のすべてがこのとおりである。五欲六塵の凡夫の世界も、格外《かくがい》の出世間も、それぞれ甚深微妙《じんじんみみょう》の様相を持っているが、自分が会得した参学の眼力の及ぶ範囲だけを見取会取《けんしゅえしゅ》しているだけにすぎない。

　万法の甚深微妙の家風を聞きかつ味わうためには、単に海がまるく見えたり山が高く見えたりしても、それだけが海や山の徳のすべてではない。そのほかの無量の徳は限りがなく、かつ無限次元の世界に及んでいることを知らねばならない。さらにかたわらの客観世界だけが、このように限り無いものではない。直下《じきげ》諸君一人一人の存在がこのように甚深微妙の限り無き徳を備えている事実を知らねばならない。

（「人の悟りをうる、水に月のやどるがごとし。月ぬれず、水やぶれず。ひろく大きなる光にてあれど、尺寸の水にやどり、全月も弥天も、草の露にもやどり、一滴の水にもやどる。悟りの人をやぶらざる事、月の水をうがたざるがごとし。人の悟りを罣礙せざること、滴露の天月を罣礙せざるがごとし。ふかきことはたかき分量なるべし。時節の長短は、大水小水を検点し、天月の広狭を弁取すべし。

身心に法いまだ参飼せざるには、法すでに足れりとおぼゆ。法もし身心に充足すれば、ひとかたはたらずとおぼゆるなり。たとへば、船に乗りて山なき海中にいでて四方《よも》を見るに、ただまろに見ゆ。更にことなる相見ゆることなし。しかあれど、この大海、まろなるにあらず、方なるにあらず、のこれる海徳つくすべからざるなり。宮殿の如し、瓔珞のごとし。ただわが眼《まなこ》のおよぶところ、しばらくまろに見ゆるのみなり。かれが如く、万法もまたしかあり。塵中格外《じんちゅうかくがい》、多く様子を帯せりといへども、参学眼力のおよぶばかりを見取会取するなり。万法の家風をきかんには、方円と見ゆるほかに、残りの海徳山徳おほくきはまりなく、四方《よも》の世界あることを知るべし。かたはらのみかくの如くあるにあらず。直下も一滴もしかあると知るべし。」）

魚が大海を泳ぎまわるが大海の水には果てしがない。鳥が大空を飛びまわるが、大空に果てはない。（同様に我々も仏法の大海、仏道の大空の中にいて活動し修行しているが、これで終りという果てはない）また魚や鳥は昔から水や空をはなれることはなく、鯨のように大きな魚は大海の使い方も大きいし、エビのような小さな魚は水の使い方も小さい。（同様に我々も仏法の大海からはなれることはなく、菩薩は用大に凡夫は用小に使っている）

このように我々の行住坐臥の一つ一つ（頭頭《づづ》）は宇宙大の生活であり、どこにあっても（処処《しょしょ》）絶対の価値を持っているのが事実である。さりながら、鳥が空を離れ魚が水を出た途端忽ち死んでしまうように、水や空は命そのものであり、鳥や魚とその命、命と鳥や魚は全く一つ（人境不二《にんきょうふに》）のものである。

しかし人境不二だけが悟りのすべてではない。修行すればする程無限に進歩向上し、さらに深い悟りに導かれる。われわれの寿命のすばらしさはこのように不思議なものである。

このような筋であるから、もし水のことを知りつくし空のことを極めつくしてから、水や空を行こうとする鳥や魚がいたならば、水にも空にも行く道を得ることはできないし、安住の場所を手にすることはできない。（我々も仏教教理をきわめつくしてから坐禅の実行に入ろうとしても、とても正しい道をみつけ、安心のところを得ることはできない）そこで何人も安心のところを得、正しい道を見つけることができれば、その日常生活は、直ちに現《げん》成公案《じょうこうあん》（丸出しの仏道）となる。この現成公案の道、安心のところは、大小自他を超えており、各自にもともと備わっているが、この事実を知らない（さきよりあるにあらず）ので、いま現実にわが身にあらわれていると思われない（いま現ずるにあらず）。このような筋《すじ》であるから、もともと仏道がわが身に備わっている（かくのごとくある）事実を悟《さと》るという体験《たいけん》がなければならない。

以上述べてきたとおりであるから、人が仏道を修行し悟りを得ようとするならば、仏道がちょっとわかったらちょっと実践してその筋を手に入れる。その一行《いちぎょう》を手に入れたらさらに次の行《ぎょう》を実践するという具合にやっていくべきである。このように一行一行《いちぎょういちぎょう》に力をつくしていくところに仏道丸出しのみちが通達《つうだつ》し実現することとなる。だがそのことのすべてが我々にわかるかというと、どうもはっきりしない。それはなぜかというと、一行一行に全力をつくすことは、仏法の究尽であり真実の仏法そのものと全く一つとなっている（同生し同参する）ので我々の意識にのぼらないからである。従って一行一行実践していくと、必ずそれに見合った得処《とくしょ》があるが、それが自己の知識や見解となって自分にわかるものではない。また悟りの究極がわが身の上に実現し成就しているのであるが、その事実は必ずしも自分にわかったり他人に認められたりするものではない。あるいは見成《げんじょう》することもあるが、いつもそうとは（何必《かひつ》）かぎらない。

（「魚《うお》水をゆくに、ゆけども水のきはなく、鳥《とり》空をとぶに、とぶといへどもそらのきはなし。しかあれども、魚鳥いまだむかしより水空をはなれず。只用大のときは使大なり。要小のときは使小なり。かくの如くして、頭頭《づづ》に辺際《へんざい》をつくさずということなく、処々《しょしょ》に踏翻《とうほん》せずといふことなしといへども、鳥もし空をいづればたちまちに死す、魚もし水をいづればたちまちに死す。以水為命しりぬべし、以空為命しりぬべし。以鳥為命あり、以魚為命あり。以命為鳥なるべし、以命為魚なるべし。このほかさらに道歩あるべし。修証あり、その寿者命者あること、かくのごとし。

しかあるを、水をきはめ、そらをきはめてのち、水そらをゆかんと擬する鳥魚あらんは、水にも空にもみちをうべからず、ところをうべからず。このところを得れば、この行李したがひて現成公案す。このみちを得れば、この行李したがひて現成公案なり。このみち、このところ、大にあらず小にあらず、自にあらず他にあらず、さきよりあるにあらず、いま現ずるにあらざるがゆえにかくのごとくあるなり。

しかあるがごとく、人もし仏道を修証するに、得一法、通一法なり、遇一行、修一行なり。これにところあり、みち通達せるによりて、しらるるきはのしるからざるは、このしることの、仏法の究尽と同生し、同参するゆえにしかあるなり。得処かならず自己の知見となりて、慮知にしられんとするとならうことなかれ。証究すみやかに現成すといえども、密有かならずしも現成にあらず、見成これ何必《かひつ》なり。」）

麻谷山宝徹禅師《まよくさんほうてつぜんじ》（馬祖道一《ばそどういつ》禅師の法嗣《はっす》）がある時扇を使っておられた。そこへ一人の僧が来て尋ねた。

「風は常に到る処に吹いているのに、和尚はなぜ扇を使われるのですか。（借事問《しゃくじもん》——衆生本来仏というのになぜ発心修行して悟る必要があるのか——）」

師はいわれた。

「お前は風は常に到る処吹いていることはわかっているようだが、悟らねばならぬという道理がはっきりしておらんな」

僧は聞いた。

「無処不周底の道理（本来の仏）をお示しください」

ときに師はただ扇をつかうのみであった。（麻谷は本来の仏、真の事実を示した）これを見た僧は忽ち礼拝した。

仏法の実証体験《じっしょうたいけん》、すなわち正伝《しょうでん》の仏道の活きた消息は、坐禅を実行して豁然《かつねん》として大《だい》悟《ご》するという実践《じっせん》が何よりも大切である。それを衆生本来仏であるから（常住なれば）大悟する必要はない（あふぎをつかふべからず）。大悟などしなくてもそのまま仏の丸出しである（つかはぬおりも、風をきくべき）というのは、仏道を本当にわからない従って悟りの中味も全く知らない証拠《しょうこ》である。本具の仏性を得一法《とくいっぽう》・通一法《つういっぽう》・遇一行《ぐういちぎょう》・修一行《しゅいちぎょう》という具合に修証《しゅしょう》を続けることが仏の丸出しであるから、仏家の美風がちょうど大地の黄金が次第に現われるように、わが実生活の上に現成してくるし、またどんな境遇も味わい深い酥酪《そらく》と感ぜられるように円熟してくるのである。

（「麻谷山《まよくさん》宝徹禅師あふぎをつかふちなみに、僧来たりてとふ、『風性常住、無処不周なり、なにをもてか和尚扇を使ふ』と。師いはく、『なんじたゞ風性常住をしれりとも、いまだところとしていたらずということなき道理をしらず』と。僧いはく、『いかなるかこれ無処不周底の道理』。

ときに師、扇をつかふのみなり。僧、礼拝す。

仏法の証験、正伝の活路、それかくのごとし。常住なればあふぎをつかふべからず、つかはぬ折も風をきくべきといふは、常住をもしらず、風性をもしらぬなり。風性は常住なるがゆえに、仏家の風は、大地の黄金なるを現成せしめ、長河の酥酪《そらく》を参熟せり。」)

前記の「現成公案」の選述により、道元禅師は正伝の仏道の根本原理を明示して、完全な理論的裏付けを提示された。その最大の主張は、仏道修行の根本は大悟の体験が不可欠であるという大宣言である。その大悟の体験そのものも、

第一段階は、すべての存在がそっくりそのまま仏道の丸出しであったという体験。

第二は、一切の存在は自分自身も含め本来空《くう》であったという体験（色即是空）。

第三は、その空のまんま一切の存在として現われているだけという体験（空即是色）。

最後はその色《しき》とか空《くう》への執着が無くなった本来の自己を実現するだけの日常の体験。

このように同じ大悟といっても、それは幾つかの段階があることを、ご自身の体験から明示されておられる。

人類の根本的迷いは「自我意識」とそれへの固執である。近代教育は、その「自我意識」を重視して、「自我の確立」とか「自己責任」が尊重される。そこから自他の対立観念が生まれ、

自我意識が増幅され、その自我への固執が強い人程、他との差別意識・対立意識が増長し、自己主張・他への説得・派閥化を促進し、遂には自分の主張に反対する人への攻撃・言い争い・斗争・殺し合い、果ては国同士の戦争へと発展し、互いに互いを傷つける結果となる。これが現在の世界の現実である。

しかし道元禅師がいわれる全身心を全挙する坐禅という修行を続けていくと、誰でも必ず本来の完全な自己に復活でき、自我意識は錯覚であり誤解であったことに気付き、即今即今前後際断の命の本質に目覚めることができる。この時初めて不生不滅の自己に目覚めて生死問題を根本的に解決することができる。

さりながら、このような正しい坐禅の実践は、正しい師匠の指導がどうしても必要であるが、同時に修行する側からは、余程の信念と根気が無いと続かない。またその成果が多くは目に見えて確認できないので、大半は途中で挫折して修行を放棄するか、「衆生本来仏」であるから、もともと救われており、悟る必要は無かったんだと妥協してしまう。

このような主張に対して、道元禅師は、「現成公案」の最後で、

「仏法の活きた消息は、坐禅を実行して豁然大悟する実証体験が何より大切である。それを衆生本来仏であるから大悟する必要はない。大悟しなくてもそのまま仏の丸出しである（常住なればあふぎをつかふべからず、つかはぬ折も風をきくべき）というのは、仏法が本当

にわかっていない証拠である。

本具の仏性を得一法・通一法という具合に修証を続けることが仏の丸出しであるから、これを続けると仏家の美風が丁度大地の黄金が次第に現われるように、我が生活の上に現成してくるし、またどんな境遇も味わい深い酥酪と感ぜられるように円熟してくるのである。」

(「仏法の証験、正伝の活路、それかくのごとし。常住なればあふぎをつかふべからず、つかはぬ折も風をきくべきといふは、常住をもしらず、風性をもしらぬなり。風性は常住なるがゆえに、仏家の風は、大地の黄金なるを現成せしめ、長河の酥酪を参熟せり。」)

といわれて、毎日の坐禅こそ自己を救い、他を救い、世界を救う道であると言明されておられる。従って我々は「普勧坐禅儀」に従った坐禅の実践と「弁道話」で示された坐禅を実践する上での注意点を心に留めて、毎日ひたすら坐禅を実行しさえすればよいのである。

さてこの時期に、もう一つ特筆すべきことは、後に道元禅師の法嗣となる孤雲《こうん》懐奘《えじょう》禅師(一一九八—一二八〇)が一二三四年十一月に禅師に参随していることである。懐奘は十八歳で尊勝院大僧都円能について出家、後に京都の証空について浄土門を学び、堂奥を極めたとされる。更に多武峯の覚晏に参じ禅を修行するが、多武峯が興福寺宗徒により焼打ちを受け、懐奘は覚晏の指示で道元禅師の会下に投ずることとなった。そして翌年の秋、禅師より仏祖正伝の菩薩戒を受けている。その少し前のことであろう。禅師が一日大衆に対し行なった「一毫衆穴《いちごうしゅけつ》を穿《うが》つ」の提唱を聞いて言下に大悟している。

一二三六年興聖寺開堂に当り、最初の首座《しゅそ》となり、爾来道元禅師常随の侍者をつとめ、一二五三年七月禅師の法席を嗣いで第二祖となった。懐奘は禅師に師事しながら「正法眼蔵随聞記」を筆録し、「宝慶記」を発見書写し、「永平広録」を筆写する等、道元禅師を後世に伝える上で多大な貢献をされた。

六、興聖寺開堂と上堂の語

観音導利院は仏殿しかない寺なので、修行者が集まるにつれ、特に彼等の修行道場を持つ必要が日ましに高まり、遂に一二三五年十二月になって、広い禅堂を建立する為の勧進を始めた。そして約一年後の一二三六年十月、僧堂・法堂・仏殿を備えた伽藍を建立し正式に開堂の法会を挙げて、興聖宝林寺と名づけた。その時の道元禅師の上堂の語は、「永平広録」によると次のとおりである。

上堂。わしは多くの叢林を経歴したわけではない。たまたま先師天童如浄禅師に出合って、眼は横鼻は縦で申し分無いことを知ってから、人にだまされることは無くなった。そこで手ぶらで故郷に帰って来た。従って仏法なぞは何処にも見当らない。

何のはからいもなく時は過ぎていく。看よ毎朝日は東に昇るし、毎夜月は西に沈む。雲が収まると山肌が現われ、雨が通り過ぎるとあたりの低い山々の姿がはっきりする。所詮それは何か。しばらく沈黙の後言われた。三年ごとに閏年は一回やってくる。鶏は五更(午前四時)になると鳴くばかりである。しばらくして下座された。

(上堂。山僧叢林を歴ること多からず。只是れ等閑に天童先師に見《まみ》えて、当下に眼横鼻直なることを認得して人に瞞《まん》ぜられず。便《すな》わち、空手《くうしゅ》にして郷に還《かえ》る。所以に一毫も仏法無し。任運に且《しばら》く時を延《の》ぶ。朝朝日は東より出で、夜夜月は西に沈む。雲収《おさ》まって山骨露《あら》われ、雨過《す》ぎて四山低し。畢竟如何。良久して曰く、三年一閏に逢い、鶏は五更に向って啼く。久立下座。)

この上堂で真の仏道とは、我々一人一人が眼横鼻直で何の申し分が無かった事実を大悟することにより、特別に仏法・仏法と言って探し求める必要がなかったという境涯に至ることであることを宣言された。勿論この境地に至るまでには、猛烈な修行が必要であるがこの猛修行を熱烈な信念で実現すると、

「日は朝朝東より昇り、月は夜夜西に沈む」

事実で何の不足もない人生を送ることができるようになると言われる。ところが翌日の上堂であろうか。次のようにも言われている。

上堂していわれた。依草附木の迷いの衆生にとって、最適の場所は叢林《そうりん》（坐禅道場）である。ここで正師が禅床を笏《こつ》で一撃する。或いは鼓をポクポクと三下する。それが如来の妙音であることがわかるかな。まさにその時、この興聖寺門下の諸君よ。何とかいってごらん。しばらく沈黙の後いわれた。北の果てから南の果てまで黄金ばかりの国に居ながら、その陸地で溺れている奴ばかりじゃないかと。

（上堂。曰く。依草の家風附木の心《しん》、道場最も好《よ》きは叢林なる可し。禅床一撃・皷三下。伝説す如来微妙の音。正当恁麼の時、興聖門下且らく道え如何。良久して云く、湘《しょう》の南、潭《たん》の北。黄金の国。限り無き平人陸沈せらる。）

この日の上堂で、我々一人一人は眼横鼻直で何の申し分がない身でありながら、現実の我々は、目前の事象に執われて、それに追い回される依草附木の輩であり、陸地に居ながらそこで溺れている夢を見ている、即ち迷っている者ばかりではないのかと叱咤している。

この迷いから抜け出す道は只一つ。叢林で坐禅三昧に打ち込むことである。

この興聖寺には一二三六年十月（三十七歳）から大仏寺に移られる一二四四年七月（四十五歳）までの約八年間居られたが、この間の道元禅師の境涯の変化を、拙著「道元禅師『永年広録』私解」の上堂の語から順次観察してみることとしたい。

上堂して云われた。仏となる種は縁より生じ、仏法は最初誰に出合うかによって決まる。良縁に出合ったら、誤ることなく修行すべきである。修行に当っては、拒否すべき面と吸収する面があり、見誤ってはならない。ひたすら修行すべきである。そこで弁道に当っては、自ら修行することと、師匠について功夫を傾けることが大切である。この弁道により、一度び真実を大悟して徹することが出来れば、万法の真実を完全に手にすることが出来る。若しこの大悟の体験が無ければ、万法の真実を眼前にしながら見過してしまう結果となる。

その実例が玄則禅師であり、それは法眼との出合いによるものである。彼は最初、法眼の会下にあって監寺《かんす》の役にあった。或る時法眼が云った。「お前さん、ここに来て何年になるかな」と。則は答えた、「私は和尚の会に参じて已に三年が経ちます」。法眼は云った、「お前さんは、後輩の身でありながら、どうして参禅せんのか」と。則は答えた、「私は和尚を裏切るわけには参りません。私は以前青峰の処で安心の境地を得ました」。法眼、「お前さんは、どういう言葉で悟りを得たのかな」。則は答えた、「私はかつて青峰に問いました。『如何なるか学人の自己』と。すると青峰は『丙丁童子来求火《びょうじょうどうじらいぐか》』と答えられました」と。すかさず法眼は云った、「なかなか好い言葉じゃ。ただ恐らくお前さんはわかっていないであろう」と。則は云った、「丙丁は火のことです。火が火を求めるというのは、つまり学人が自己を以って自己を求めるようなものと思いました」と。法眼は云った、「思った通り、お前さんは全くわかっていない。仏法が若しそんなものならば、どうして今日まで伝わるはずはないぞ！」と。

　玄則はこれを聞いて悶々とした挙句、法眼の道場を去った。途中まで来て反省した。「法眼和尚は五百人の善知識である。自分が間違いだというからには、必ず自分よりすぐれているからに違いない」と思って、再び法眼の処に戻って、礼拝し懺悔した。法眼は云われた、「わしに質問してごらん」と。則は聞いた、「如何なるか是れ学人の自己」と。法眼曰く、「丙丁童子来求火」。この言葉を聞いた途端、則は大悟した。

　師（道元禅師）は云われた。「前も丙丁童子来求火という答えであり、後も丙丁童子来求火という答えである。前はどうして悟ることができず分別智解の穴ぐらに流され、後はどうして大悟して、その穴ぐらから脱け出すことができたのであろうか。その理由を知りたいと思うか。しばらく沈黙の後云われた、丙丁童子来求火の事実は、露柱灯籠さえ明らかに何の惜しむことなく示している。ただ玄則よ。お前さんが理屈のつめたい灰の中に落ち込んで、手探りしてもわからなかっただけである。それを法眼が火をつけて、その火を吹き消した手腕により、玄則が生まれ代ったからである」と。

(上堂。曰く。仏種は縁より起こり、仏法は頭《はじめ》より起こる。良縁に遇うては蹉過すべからず。当《まさ》に修行すべし。修行には折伏《しゃくぶく》有り、接取有り、這頭《ここ》に在って蹉過すべからず。当《まさ》に弁道すべし。弁道に修行有り、功夫有り。一朝に打徹せば万法円成す。若し也《ま》た未徹なれば、万法蹉過す。

見ずや、玄則禅師、縁法眼に在り。嘗って法眼の会下にあって監寺《かんす》に充てらる。法眼云く、你此間《すかん》に在ること幾年ぞ。則云く、和尚の会に在って已に三年を得たり。法眼云く、你は後生なり。尋常《よのつね》、何ぞ法を問わざると。則云く、某甲敢《あえ》て和尚を瞞《まん》ぜず。某甲、青峰の処に在って已に安楽の処を得たり。法眼云く、你何の語に依り得入するや。則云く、某甲曽って青峰に問う、如何なるか是れ学人の自己と。峰曰く、丙丁童子来求火《びょうじょうどうじらいぐか》と。眼曰く、好語、只是れ恐らくは你会せざらん。則曰く、丙丁は火に属す。火を持《も》って火を求む、学人の自己を以って自己を求むるに似たり。眼曰く、真箇是れ你会せず。仏法若し是の如くならば、今日に到らずと。

則、懆悶《そうもん》して起つ。中路にして思惟す。他は是れ五百人の善知識なり。吾が不是を諫《いさ》むるに必ず長処あらん。再び法眼の処に上って、礼拝懺悔す。眼云く、你問うべしと。則曰く、如何なるか是れ学人の自己。眼云く、丙丁童子来求火。則大悟す。
師云く、前来も也《ま》た丙丁童子来求火、後来も也た丙丁童子来求火。前来甚《な》んとしてか悟らず解路に流落し、後来甚んとしてか大悟して臼窠《きゅうか》を脱落するや。会せんと要すや。良久して曰く、丙丁童子来求火、露柱灯籠幾《いく》ばくか明を惜しむ。埋《うず》もれて寒灰に在り、模《さぐ》れども未だ見えず。点じ来って吹滅《すいめつ》して再び行を生ず。）

この上堂で、弁道には自《みずか》ら修行することと、師匠について功夫を傾けること（独参）が必要であることと、この二つの弁道により真実を大悟することが何より肝要であることを、玄則禅師と法眼との実例を以って示されている。

上堂して云われた、十五日（大悟）以前は悪戦苦闘の毎日であった。十五日の大悟の後は天下太平である。さてその十五日の大悟の中味は何かと云うと、天長地久で何んにも無い事実だけである。
既にこのような人になると、このようになるほかはない。すなわち一歩を進めると仏祖が現われる。一歩退くと自分は何処にも無い。進みも退きもしなければ、わしも救うべき人も居なくなるし、諸君も悟ろうとしても悟るべきものが無くなってしまう。

さあこうなったら、どうすれば良いかな。しばらく沈黙の後云われた、誰も彼も、身も心も無くなってしまった。さあ止静の時間じゃ。僧堂に行って坐禅しよう。下座。

（上堂。云く。十五日向上は風高く月冷《ひやや》かなり。十五日向下は海晏《しず》かに河清し。正当十五日は天長地久。

既に恁麽なることを得たり、須《すべから》く是れ恁麽なるべし。一歩を進得すれば仏来り祖来る。一歩を退歩すれば赤心片片。不進不退ならば、山僧、為人の手無かる好《べ》し。諸人、証契《しょうかい》の処無かる好《べ》し。

既に恁麽なることを聞けり、恁麽なることを行ぜんと要すや否や。良久して云く、千人と万人とに背かず、身心脱落して参堂し去れ。下座す。）

道元禅師にとって大悟とは、悟るべきものが一かけらも無い（一毫無仏法）あるがまんまの事実だけということである。だから坐禅の時間が来れば、僧堂に行って坐禅するだけの生活となる。

上堂して云われた。仏祖方は皆五万回も、悟ってはその悟りを捨て、悟ってはその悟りを捨てるという猛修行をされた方々ばかりである。従ってその都度、新たな悟りの境地を百千枚も味わって来られた。

その結果、仏祖方は一本の草の上に、十方に開かれた梵刹（寺院）を建てることができる指導力を、いとも簡単に発揮された。その結果、修行僧が期せずして、雲霞のように集まって来るのである。

（上堂。云く。仏祖翻身す五万回。見成公案《げんじょうこうあん》、百千枚。一茎草に十方刹を立てれば、雲水、期せざるに得得として来る。）

この上堂で、真の大悟に至る道は、どの仏祖方も、五万回の翻身（悟っては悟りを捨てる）と百千枚の見成公案（真の事実の発見）という修行を実行されてきた事実を示された。

我々もこの決意と実践が是非とも必要である。

元旦の上堂。天はからりと晴れて一月一日を迎え、さわやかである。大地は見渡す限り潤って果てしがない。まさにこの時は、何としたら良いであろうか。

しばらく沈黙した後云われた。春の便りを知らせる梅花の香りは、全宇宙に遍満している。春の神々は兀兀《ごつごつ》として禅堂で坐っている。枝々に咲く梅花は、珊瑚の色を呈し、世界中が花盛りである。これこそ本当の極楽浄土ではないか！

（歳旦の上堂。天宇廓清にして、一《いち》、一《いち》を得て清《す》めり。地区含潤にして千通万達す。正当恁麼の時、作麼生。

良久して曰く、春信通和して、遍界芳《かんば》し。東君兀兀《ごつごつ》として、雲堂に坐す。枝枝花笑う、珊瑚の色。世界花開く、是れ帝郷。）

我々も仏祖方にならって、五万回の翻身・百千枚の見成公案という修行を続けていけば、必ず今此処がこのまま極楽浄土そのものであるということがわかるぞ！　と道元禅師は示されている。

上堂して云われた。仏祖の行といっても、特別な行があるわけではない。又仏道と云っても、特にすぐれた道というわけではない。それ故、諸仏は今以って、特別な肝心要《かなめ》なことなぞは知らないし、諸祖も直下に大悟したものなぞ頭にはない。

そこで仏道を超えた人はどうかというと、手に孔の無い鍵を持って、八枚の錠前を開け放し、何もない世界を自由自在に歩き回るだけである。

（上堂。云く。行は別行ならず、道は親道にあらず。所以に云く、諸仏未だ向上の関捩《かんれい》を知らず、万祖那《なん》ぞ直下の承当を会せん。只向上の人あって、手に無孔の鑰匙《やくし》を把って、八鬚《はつしゅ》の鏁子《さし》を打開す。)

さて、それでは仏道という特別なものがあるのかというと、仏祖方はそんなものは持ち合わせていないし全くご存じない。ただ何んにも無い世界を自由自在に歩くだけであると道元禅師はこの日の上堂で示されている。

上堂して云われた。歴代の仏祖方は何処にも居ない。東西南北見渡す限り誰も居ない。風にまかせる雲のような生活は、子供さえ見向きもしない田舎餅の味である。さて、こうなると聖人にも賢人にも用はない。何が出て来ても打ちすえるばかりである。

(上堂。曰く。従来の諸仏祖を超越して、南北及び東西を関せず、風雲感会して糊餅を喫す。聖を打し賢を打し、打つこと一斉。)

さてさて、それでは前項で述べたような立派な仏祖方は何処に居られるのであろうか。この日の上堂で、道元禅師はそのような仏祖方は何処にもいない。誰もいない。何が出てきても打ちすえるばかりであると提唱されておられる。多分四十四歳頃の道元禅師の境涯は、歴代の祖師方をも打ちすえるまでに純化されたといえるかも知れない。このような境涯の変化があったからであろうか。臨済禅師に対する位置づけに劇的な変化が現われている。
この点については、私の師である山田耕雲老師の著書『禅の正門』三四二〜四頁から、引用させて頂くこととした。

増谷文雄先生は「臨済と道元」という一書をものされて、この問題をかなり詳細に検討しておられる。道元禅師が一生参学の事畢れりとして宋から帰朝されたのは、後堀河天皇の安貞元年（南宋理宗皇帝の宝慶三年──一二二七）二十九歳の時であった。そして「弁道話」を世に問われたのが三年後の三十二歳の時である。それから十余年を経た仁治三年（一二四二）四十三歳の時書きおろされた「正法眼蔵行持」の巻までは、臨済禅師を極めて高く評価しておられる。試みに「行持」の巻から引用すると、

「祖席の英雄は臨済、徳山といふ。しかあれども、徳山いかにしてか臨済に及ばん。まことに臨済のごときは群に群せざるなり。その時の群は、近代の抜群より抜群なり。行業純一にして、行持抜群なりといふ。幾枚幾船の行持なりとおもひ擬せんとするにあたるべからざるなり」

とある。

ところがこの評価が翌寛元元年（一二四三）に書かれた「葛藤」の巻から突如として一

変するというのである。しかもその変化は、「眼を見張らしめる底のものであって、とうてい見逭すことを得ないのである」と増谷先生は書いておられる。その証拠として、「行持」の巻の翌年に書かれた「葛藤」「説心説性」及び「仏教」の各巻からの引用を示しておられるが、今、それをここに再録することは紙面の都合上省略しなければならない。しかし、先生の指摘されるところを跡づけてみると、成る程、眼を見張らしめる変化がそこにはある。何がそうさせたのであろうか。それは確かに、先生の言われるように、道元禅師の内面的展開の結果であることには間違いない。しかし、禅師の内面で、何がどのように変化し発展したのかというと、先生も、はっきりした説明を与えておられない。その内面的展開が、道元禅師の経典尊重の精神と、「三乗十二分教、皆それ不浄を拭うの故紙」などと言われる臨済禅師の境界との相違に関係あるように先生は暗示しておられるが、それは核心を突く説明とは思われない。私をして端的に言わしめるならば、道元禅師が臨済禅師の証の世界に不満を覚えはじめたのである。例えば「説心説性」の巻に、次のような瞠目すべき一節がある。

「臨済の道取する尽力は、わずかに無位真人なりといへども、有位真人といまだ道取せず。のこれる参学、のこれる道取、いまだ現成せず、未到参徹地といふべし」と。禅は体験の事実である。道元禅師の内面的展開の跡を尋ねるためには、その体験内容の中に入りこんで行かなければならない。ということは、自らその事実を体験しなければならないということである。道元禅師の内面から臨済禅師の内面を照らして看る、そうでなければ、道元禅師の臨済禅師批判の真意を窺うことができないのである。

以上が我が師山田耕雲老師の見解《けんげ》である。勿論私自身は、師のいわれるような道元禅師の内面に到り得たとは到底いえる境地ではないが、道元禅師のお言葉を以って、禅師が臨済禅師をどう評価されたのかを推測するならば、「無位真人」は「一毫無仏法」の世界からの、「有位真人」は「手に無孔の鑰匙を把って、八鬚の鑷子を打開」した境地からの、また、「未到参徹地」は「聖を打し賢を打し、打つこと一斉」の境涯からの批判ではないかと考える次第である。

上堂して云われた。近頃は坐禅をする好時節である。この時節をのがせば、どうして力をつけることが出来よう。力がつかなければ、これで何の申し分が無かったと悟ることは出来ない。この時節の力を借りれば容易に悟ることが出来る。

今や春風は軽やかに吹き、春雨はしっとり降って心地良い。父母から授かったこの身体でさえ、この時節を惜しむ。まして況んや仏祖正伝のこの身体を、軽率に扱って良いであろうか。この身体を軽んずる者はまさに畜生である。

しばらく沈黙の後云われた。春の恵みも届かない嵩山で、達磨大師が坐禅すると、枯木も花を生じたという。その達磨大師の面壁九年の本意が誰にもわからないので、幾度も流沙をわたって、インドに沢山の僧が渡る羽目となったと。

（上堂。云く。近来好坐禅の時節なり。時節若し過ぐれば、什麼の著力か有らん。如し著力無くんば、如何が弁肯せん。時節の力を借りれば、容易に弁道すべし。如今春風颼《ひょう》颼《びょう》たり、春雨霖《りん》霖《りん》たり。父母所生の臭皮袋すら猶之れを惜しむ。況んや仏祖正伝の骨肉髄、豈之れを軽んぜんや。之れを軽んずる者は、真箇是れ畜生なり。良久して云く。春功到らざる処、枯樹復た花を生ず。九年人識らず、幾度か流沙を過ぐ。）

この日の上堂では、今や参禅の好時節であるから専心一意坐禅に打ち込めと策励されておられる。何故なら、毎日の坐禅の外に自己を救い他を救い宇宙を救う方法は無いからである。インドに行って、どんなに仏典を渉猟しても、真の仏法は手に入らない。興聖寺における、道元禅師の我々への強力な雄叫びである。

七、大仏寺時代

興聖宝林寺での道元禅師の宗風は、如浄禅師より受け継いだ極めて純粋厳格なものであったが、その徳を慕って訪ねてくる参禅の修行者は日増しに多くなり、一二四一年には、日本達磨宗の懐鑑・義介・義伊・義演等大挙して道元禅師に入門し、急速に僧団としての体制が強化された。このうち義介は後《のち》に懐奘の後を受けて永平寺第三世となっている。

この間道元禅師は「護国正法論」を著《あら》わして朝廷に奏聞したが、二乗縁覚の所解として却下される。更に洛中での説法活動が盛んになるにつれ、叡山側の恨みを買って、興聖寺が破却される事態となった。そこで俗弟子の波多野義重の招請により、一二四三年七月十六日以降、急拠山城を立って、七月末越前に入り、吉峰古寺・禅師峰草庵に入った。そして一二四四年二月十九日越前志比庄に大仏寺法堂造営に着工、四月大仏寺立柱、七月十八日大仏寺開堂供養を行ない、九月大仏寺法堂竣工開堂法会を行なった。その時の上堂の語を拙著「道元禅師『永平広録』私解」より引用することとする。

夏安居に当っての上堂。払子を以って一円相を作って云われた。安居はこれを超越する。

又一円相を作って云われた。安居はこれを究め尽くせ。それ故、威音空王仏は、この一円相の命を受けて仏となり祖となった。又このわしの拳も拄杖子も、この一円相の働きで仏法を伝えることが出来る。毎回の夏安居も、その時その時の一円相の事実を示すだけである。

このとおりではあるが、この一円相を取り上げて、一番に参究するものであるとか、究極の目標であるとか考えてはならない。たとえ最初と思ったら、この最初という観念を趯《てき》倒《とう》し、たとえ究極のものと思ったらその究極のものという観念を踏翻しなさい。さてこのように最初と思わず、究極のものとしない場合はどうしたら良いであろうか。

そこで師は払子を取って一円相を作って云われた。「此処に安居せよ！」と。

（結夏の上堂。払子を拈じて一円相を作りて曰く。安居は這箇を超越す。又一円相を作りて曰く。安居は這箇を究参す。所以に道く、威音空王仏、這箇の命脈を稟《う》けて作仏作祖し、拳頭・拄杖子這箇の処分を得て伝法伝衣す。枚枚の夏安居、時時に頂骨と作る。

然も恁麼なりと雖も、這箇を拈じて最初と為すこと莫れ、這箇を拈じて向上と為すこと莫れ。縦《たと》い最初を見るとも最初を趯倒《てきとう》し、縦い向上を見るとも向上を踏翻《とうほん》す。既に恁麼なることを得。最初に拘わらず向上に拘わらず、又且つ如何。乃ち払子を拈じて一円相を作りて曰く、這箇の巣《そう》裏《り》に安居せよ。）

この日の上堂は、一円相を描いて「この一円相を踏翻せよ!」と命じ、再び一円相を描いて「此処に安居せよ!」と命じている。さて我々は、一体何処に安居すれば良いのであろうか。

この大仏寺には約二年間居られたが、一二四六年(禅師四十七歳)七月十五日永平寺と改称されておられる。そこで大仏寺における約二年間の上堂の語を参究してみることとする。

元旦の上堂。挙す。宏智《わんし》古仏が天童山に住持されていた時、元旦の上堂で次のように云われた。元日の坐禅は、すべてが自然。心は何のはからいも無く、この通り仏がすべてに現われている。揚子江上に清らかな雪が降り、釣り船に乗る謝三郎(玄沙大師)は、満面の笑みをたたえている。参ぜよと。

師(道元禅師)は云われた。今朝わしは宏智古仏の詩に和韻しようと思う。そこでしばらく沈黙して云われた。大吉祥の元旦の坐禅を喜ぶ。互いに新年の賀詞を述べるのもごく自然。心は晴れ晴れとして、春の到来を喜ぶ。仏達は各々牛を牽いて眼の前に現われ、深々と積った雪は、瑞気を呈して山を覆う。謝三郎の釣魚の船は、人を釣り己を釣り、更に釣魚の船までも釣り上げてしまったわいと。

(歳朝の上堂。挙す。宏智《わんし》古仏、天童に住せし時歳朝の上堂に曰く。歳朝の坐禅、万事自然。心心絶待、仏仏現前す。清白十分なり江上の雪、謝郎満意釣魚の船。参ぜよと。

師曰く、今朝大仏、其の韻を拝読せん。良久して曰く、大吉歳朝に喜んで坐禅す。時に応じて祐を納む。自から天然たり。心心慶快にして春面を笑う。仏仏牛を牽いて眼前に入る。瑞を呈し山を覆う天に盈《み》つる雪、人を釣り己を釣る、釣魚の船。）

この日の上堂では、一切の観念をすべて釣り上げてしまえ。そうすればすがすがしい新年を心から迎えることが出来るぞ！　といわれている。

上堂して言われた。真の仏道は仏を見たら仏を礼拝し、牛が来たら牛に騎るだけである。それは何故かと言うと、この外に仏道はないからである。理屈のつけようがないから、頭で理屈をこね回してはいけない。理屈を言い出すと忽ち迷ってしまう。

そこで払子を取り上げて言われた。さて迷ってしまって理屈で頭が一杯である。このように迷ってしまった。こいつは一体、牛なのか馬なのか。それとも釈尊なのか達磨なのか。よーく耳を澄まし眼を開いてごらん。風が枝々を鳴らして吹き過ぎ、雨が土くれを流していく。蛙やみみずの鳴き声がするし、眼に入るのは、山家に桃の花が咲き、沢山の家々が春めいた小道に面して立ち並ぶ。道元禅師は払子を投げ出して、下座された。

（上堂。曰く。仏を見て是れ仏を排し、牛に騎って是れ牛を覓《もと》む。甚としてか是の如くなる。理、合《まさ》に是の如くなるべし。智、自ら到らざる処、切に忌む更に道著することを。道著すれば、則ち頭角生ず。

払子を拈起して曰く、頭角生じ了れり。道著則ち了れり。既に頭角生ずることを得たり。是れ牛か是れ馬か。瞿曇か達磨か。風條《えだ》を鳴らし雨 塊《つちくれ》を破る。蝦蟆啼き蚯蚓啼く。唯見る山家の桃李の発《ひら》くことを。千門万戸春蹊に対す。払子を拋下して下座す。）

この日の上堂では、一切の観念を釣り上げてみると、真の仏道とは何ということはない。仏に出合ったら仏を礼拝し、牛が来たら牛に騎るだけでよかったのである。

だがしかし、あ！　そうか。仏道とは仏に出合ったら仏を礼拝し、牛が来たら牛に騎るだけでよいのですね。と頭に描くと、それは理屈で本物ではないぞ！　と注意されている。

それではどうすれば良いか。もうしばらく上堂の語を参究してみよう。

上堂して云われた。何ものが天より高いかというと、それは天を生み出すものである。何ものが地より厚いかというと、それは地を生み出すものである。何ものが虚空より広いかというと、それは虚空を生み出すものである。また何ものが仏祖を超えているかといううと、それは仏祖を生み出すものである。

このとおりではあるが、その生み出すものが、実は諸君の眉毛の上に在り、一粒のもみ米の中に在る。それはどういうわけかを理屈で明らかにすることは簡単だが、その宗旨そのものを表現することは難しい。何故かというと、心に映し出したり口で議論することが不可能だからである。だから直ちに、そのものそれに成り切る外はない。決して頭に描いて、その宗旨を探ろうとしてはならない。

諸君はこの事実を、もっとくわしく知りたいと思うか。しばらく沈黙の後云われた、晴天に白い雲が浮かぶのは、晴天が白雲を映し出したものではない。又谷川の水に明月が映るのは、谷川の水が明月を洗っているからではない。

（上堂。云く。什麼物か天よりも高き、天を生ずる者是れなり。什麼物か地よりも厚き、地を生ずる者是れなり。什麼物か虚空よりも寛《ひろ》き、虚空を生ずる者是れなり。什麼物か仏祖より超えたる、仏祖を生ずる者是れなり。

然も是の如くなりと雖も、什麼に因ってか却って諸人の眉毛上に在り、什麼に因ってか却って一粒の粟米裏に在る。正当恁麼の時、句裏に宗を明らむることは則ち易《やす》く、宗中に句を弁ずることとは則ち難し。心を縁ずること能わず、口も議すること能わず。直に須らく退歩して荷担すべし。切に忌む。当頭に諱に触るることを。

諸人、這箇の道理を委悉せんと要すや。良久して曰く、晴天を搬《はこ》び得て白雲を染め、渓水を運《はこ》び来って明月を濯《あら》う。）

一寸長い上堂であるが、仏道はすべての理屈を超えている。従って、一切の理屈は仏道ではないことを銘記せよと我々にせまっている。丁度白雲は晴天に浮かぶだけ、明月は渓水に映るだけのように。

上堂して云われた。外に仏を求めて一歩を進めるのは、国王の水草を犯す罪となる。さりとて、仏を求めようとしないのも、祖父の田園を踏みにじる誤りとなる。それでは外にも内にも求めなければ、解脱の道があるのだろうか。

しばらく沈黙の後云われた。方便でよごれた衣服を身につけて衆生済度するのが仏であるが、時には立派な衣服を身につける自由さも仏の作用そのものである。

（上堂。曰く。直《じき》に一歩を進むるも、未だ国王の水草を犯すことを免れず。直に一歩を退くも、未だ祖父の田園を踏むことを免れず。不進不退の処、還って出身の路有りや也《ま》た無しや。良久して云く、権《かり》に垢衣を掛く、是れを仏と云う。却って珍御を装《よそお》って復た誰とか為さん。）

この日の上堂で、仏を外に求めるのも罪、仏を求めようとしないのも罪であるといわれる。それではどうすればよいのであろうか。

真の仏はただ只相手に成り切って法を説くのみ。すなわち利他の心に成り切って他に尽くすのみといわれる。これは興聖寺時代の、「聖を打し賢を打し、打つこと一斉」という大悟徹底のすがすがしい境地をも乗り越えた世界を、大仏寺時代の二年間に手に入れられたからと思われる。

すなわち大悟の体験を含め一切の観念から脱却することが修行の最終段階では必要であることを明示されておられる。我々は仏道修行といえば大悟することが目標であるように思いがちである。勿論大悟しなければ我々の迷いの生活が間違いであったことがわからないから是非とも必要であるが、大悟すると殆んどの人が体験しない世界を見るのであるから、その体験に執われ、何となく偉くなって自分だけは他とは違うという差別観のとりことなって忘れられないという状態に陥入る。

嘗ては白隠禅師がそうであったといわれる。幸い正受老人の辛辣な手腕によってその夢から醒めて、臨済宗中興の祖となられた。日蓮上人はこの種の禅者を「禅天魔」と称して強く排撃されている。要するに仏道修行に当っては、大悟してその大悟という迷いから脱却して始めて本来の自己に立ち戻ることが出来るという道程《みちのり》なのである。

時々自ら悟りの体験の無い禅者の中に、禅修行で悟りを求めるのは邪道であるから、決して悟りを求めてはいけないという論者がいるが、それは前述の道元禅師の体験と主張に相い反するものであり、自らの悟りの体験の無いことを隠すための詭弁に過ぎない。よくよく反省して、道元禅師の説かれる「普勧坐禅儀」に従った正しい坐禅の実行に立ち戻るべきである。

八、永平寺時代

道元禅師は、一二四六年六月十五日大仏寺を永平寺に改称した。この時の最初の上堂の語は、「永平広録」によると次のとおりである。

大仏寺を改めて永平寺と称する時の上堂。（寛元四年丙午《ひのえうま》六月十五日）天は高く清《す》み地は厚く安らかである。人は道に従って安穏となる。そこで釈尊は生まれると、一指は天を指し、一指は地を指し、四方に七歩周行して、天上天下唯我独尊と宣言された。

世尊のお言葉は、このとおりであるが、永平（わし）も道う言葉がある。諸君、証明せよ。しばらく沈黙の後言われた。天上天下当処永平と。

（大仏寺を改めて永平寺と称する上堂。（寛元四年丙午《ひのえうま》六月十五日）天道有って高く清《す》めり。地道有って以って寧《やす》きこと厚し。人道有って以って安穏なり。所以に世尊降生して、一手は天を指し、一手は地を指し、周行七歩して曰く、天上天下唯我独尊と。世尊道えることあり。是れ恁麼なりと雖も、永平道うこと有り。大家、証明せよ。良久して曰く、天上天下当処永平と。）

この日の道元禅師のお心は、秋の空のように晴れ渡っていたことであろう。みずから一手は天を指し、一手は地を指し、周行七歩したお気持で宣言された。「天上天下当処永平」（全宇宙この永平寺ばかりだぞ！）と。だからこそ、次の日の上堂で次のようにいわれておられる。

上堂して云われた。仏道を学ぶ人は、必ず衲僧の眼を具《そな》えて始めてそれで良しと云える。既に衲僧の眼を具えて、善知識に正法眼（木患子《もくかんす》）有りと許されて始めて衲僧と云える。若しこの正法眼を備えれば、大地に騙されることもなく、天に騙されることもなく、仏祖に騙されることもなく、拄杖に騙されることもなく、水に入っても溺れず火に入っても焼けず、仏を見ても魔に出合っても自由自在に対処することができる。

しばらく沈黙の後云われた。今まで述べてきたような人物が居るならば、出て来て大衆の為に見所を呈してもらいたい。永平（わし）はそいつに一生参学の事は畢ったと許すであろう。若し未だそうでないならば、わしの拄杖子は、お前さんを笑うであろう。さりながら、若しわしがお前さんはそうではない（参学の眼無し）と云ったならば、それこそわしの眉毛は嘘を云った罪で落ちてしまうであろう。

（上堂。曰く。参学の人須らく衲僧の眼睛を具して始めて得べし。既に衲僧の眼睛を具して、旁観に木患子《もくかんす》に換えられて始めて得べし。若し木患子に換却せらるれば、大地に瞞ぜられず、蓋天に瞞ぜられず、仏祖に瞞ぜられず、拄杖に瞞ぜられず、水に入り火に入りて溺れず焼けず、仏を見魔を見て、自処自在なり。

良久して曰く、作麼生か是れ適来道底の者若し有らば、出で来って衆に対して呈せよ看ん。永平你に参学の事畢ることを許さん。脱《も》し或いは未だ然らずんば、拄杖子你を笑うこと在らん。然も是の如くなりと雖も、若し喚んで伊《かれ》とせば、眉鬚堕落せん。）

道元禅師は以上のように提唱して、我々一人一人は完全無欠の正法眼の持主であるから、早く大悟して、その事実を自分のものにせよと叱咤激励しておられる。

上堂して云われた。思い出すことだが、僧が古徳に問うた。深山の切り立った崖にも仏法があるでしょうかと。古徳は云った、大きい石は大きいまま、小さい石は小さいままじゃと。先師天童如浄禅師は云われた。深山巌崖の問いと石頭の大小の答えは未だ不十分である。巌は崩れ石は飛び散り、虚空は大さわぎしているではないかと。

師（道元禅師）は云われた。お二人の尊宿の見解はこのとおりであるが、永平（わし）の見解は違う。若し人が深山巌崖にも仏法有りやと問うならば、彼に向って云ってやる。岩石はただうなづくだけ、虚空はただ消え去るだけであると。それでもこれは未だ仏祖辺の見解である。深山巌崖裏の仏法は一体何か。拄杖を高く揚げドーンと一突きして下座された。

（上堂。云く。記得す、僧古徳に問う。深山巌崖還って仏法有りや也た無しや。徳云く、石頭大底は大、小底は小と。先師天童道く、深山巌崖の問い、石頭大小の答え、崖崩れ石迸裂《ほうれつ》す。虚空聒聒《かっかつ》たりと。

師曰く、両位の尊宿恁麽に道うと雖も、永平更に道理有り。忽ち人有って、深山巌崖還って仏法有りや也た無しやと問わば、他に向って祇対せん。頑石点頭し更に点頭す、虚空消殞し転た消殞す。這箇は便ち是れ仏祖辺の事。作麽生か是れ深山巌崖裏の事。卓拄杖一卓して下座す。）

道元禅師はこの日の上堂で、拄杖をドーンと一突きして、「コレッキリ！」「只一真実のみ！」とスッキリした境涯を露呈された。と同時に師である天童如浄禅師をも乗り越えた見解を示しておられる。

上堂して云われた。真の仏法は、ただ曹谿山に無いばかりでなく、インドにも又ありはしない。だから仏法を悟った人を得ようとしても、どんな和尚も得ることは不可能である。だがよくよく見ると、柱はもともと古仏であり、灯籠は活き活きとした如来ではないか。しかしこれは僧堂の単の上で学び得たものである。ではそれを遙かに越えた世界はどうであろうか。しばらく沈黙の後云われた。エビス人の鬚が赤いのは、天下の周知である。だがよく見ると、誰も彼ももともと鬚は赤いではないか。

（上堂。曰く。但だ曹谿に無きのみに非ず、西天竺にも亦無し。仏法を会する人を得んに、和尚も還た得ず。

露柱は是れ古仏、灯籠は新如来。這箇は是れ長連床上の学得底。向上又如何。良久して曰く、将に謂えり胡鬚天下に赤しと。元来更に赤鬚胡有り。）

只一真実のみ！　というスッキリした境涯もすばらしいことではあるが、実は誰も彼も、もともと鬚は赤い。すなはち衆生本来仏の事実は変えようがない。真の仏道は、一真実のみ！　ということさえ必要がない世界だったのである。

上堂。水の中に入って恐ろしい龍を避けないのは、漁師の勇気である。陸を歩いて、虎を避けないのは、猟師の勇気である。白刃を前にして、死を視ること生のように振舞うのは、将軍の勇気である。それでは、衲僧の勇気とはどんなものであろうか。

しばらく沈黙の後云われた。禅堂の単を開く、睡眠する、応量器を開く、食事をする。鼻から息を出し、眼から光を放つ。更にそれを上回ることがあるのを知っているか。それは飯を一杯食べて心地良くなり、糞をひと盛りたれる。そして釈尊から予言された将来、仏になることの証明さえ飛び超えてしまうことである。

（上堂。水に入って蛟龍を避けざるは、漁父の勇なり。陸行して虎兕を避けざるは、猟夫の勇なり。白刃前に臨んで、死を視ること生の如くなるは、将軍の勇なり。且く作麼生か是れ衲僧の勇。

良久して云く、開単・打眠・展鉢・喫飯・鼻孔裏に気を出し、眼睛裏に光を放つ。還って向上の事有ることを知るや。飯飽快活、屙一堆。瞿曇の親授記を超過す。）

この上堂は、道元禅師が四十八歳になった頃であろうか。飯飽快活、屙一堆で何の申し分も無かった。すなわち求むべき仏道も悟りも全く不要となってしまったという求道の究極の世界を示しておられる。

丁度この頃、すなわち一二四七年八月から翌一二四八年三月にかけて（禅師四十八歳〜四十九歳）永平寺を出立して鎌倉に下向されておられる。道元禅師の師である天童如浄禅師の垂誡は、

「城邑聚落に住すること勿れ、国王大臣に親近すること勿れ、又深山幽谷に居して、一箇半箇を接得し、吾宗を断絶せしむること勿れ」

であった。事実興聖寺時代（禅師三十七歳〜四十五歳）に鎌倉下向を勧められたが、

「若し仏法に志あらば、山川江海を渡りても来り学すべし。其の志無からん人に往き向ふて勧むるとも聞き入れんこと不定なり」

といって下向されなかった。それが四十八歳になって下向を決意されたのは、やはり真の仏の本質は、ただ相手に成り切って法を説くのみ、すなわち他の心に成り切って他に尽すのみというお心が強く働いたのと、先師安谷白雲老師のお言葉に依ると、この時北条時頼に対し、大政奉還を教誨なされたと推測されておられる。その証拠として、これより一百二十四年の後、北朝永徳元年九月二十五日に、臨済宗天龍寺の義堂和尚が、足利義満の為に「首楞厳経疏《しゅりょうごんきょうしょ》」の講義をした時、義満と密談して天下の政事に言及した。その時義満が義堂和尚に告げていうのに、

「万一変あらば天下を棄てんと欲す。当に永平長老の平氏（北条時頼を指す）を勧めたるが

如くすべし」

と。義堂和尚も大いに之れを賛したとある。といわれておられる。

鎌倉に滞在されたのは、ほぼ六ケ月であるが、その間時頼に菩薩戒を授けておられる。時頼は鎌倉に一宇を建て禅師に止住されるようお願い申し上げたが、禅師はこれを拒絶されたばかりではなく、越前六条の地三十貫を永平寺に寄進する旨の寄附状を持ち帰った僧玄明をいたく叱責したばかりでなく、直ちに破門している。道元禅師のご性格の厳しい一面を、これを以って拝察することが出来る。帰山後の上堂において、次のように述べておられる。

宝治二年（一二四八年）戊申三月十四日の上堂で云われた。山僧は昨年八月三日山を出て、相州鎌倉郡に赴き、檀那俗弟子（波多野義重）のために説法し、今年の今月昨日帰山し、今朝上堂した。

この一段の事柄については、或いは疑問を抱いた者もあるであろう。即ち多くの山河を渡って俗弟子の為に説法された。これは俗を大事にして僧を軽んじたのではないか。又或る者は疑うであろう。未だ曽って説かず、未だ曽って聞かざる法があるのではないかと。

しかしながら、未だ曽って説かず、未だ曽って聞かざる法なぞは一切無い。わしは只俗弟子の為に、善き行ないをなす者は天に生まれ、悪事を為す者は地獄に堕ちる、即ち因果の道理は昧ませないので、塼《かわら》（煩悩）を投げ捨てて、玉（悟り）を引き寄せるようにせねばならないと説いただけであると。

このとおりではあるが、この一段の事柄は、永平（わし）が明らめ・説き・信じ・行じてきたところである。大衆諸君は、この道理をよく理解したいと思うか。しばらく沈黙した後云われた。何としたことか、わしの舌が、理由もなく因果の道理を説いてしまったわい。今迄長年功夫弁道してきた誤りで、今日あわれな水牛となってしまったことよ。以上はわしが鎌倉で説法してきた一句である。

永平寺に帰山した今の一句は、何と云ったらよいであろうか。わしはこの山を出て、留守にすること半年余りであったが、その間、一輪の月が太虚に浮かぶようにカラッとして何も無い。今日山に帰ってきてみると、雲が喜ぶ気配を感じ、まわりの山々を愛する気持は、山を出た時より、一層強く感ずるばかりであるわい。

（宝治二年戊申三月十四の上堂。曰く、山僧、昨年八月初三の日、山を出でて、相州の鎌倉郡に赴き、檀那俗弟子の為に説法す。今年今月昨日寺に帰り、今朝陞座す。

這の一段の事、或いは人有って疑著せん。幾許の山川を渉って俗弟子の為に説法す。俗を重くして僧を軽んずるに似たりと。又疑わん、未だ曽って説かざる底の法、未だ曽って聞かざる底の法有りやと。

然れども都《すべ》て未だ曽って説かざる底の法・未だ曽って聞かざる底の法無し。只他が為に説く、修善の者は昇り、造悪の者は堕す、修因感果、塼《かわら》を抛《なげ》うって玉を引く而已《のみ》と。然も是の如くなりと雖も、這の一段の事、永平老漢、明得・説得・信得・行得す。大衆這箇の道理を会せんと要すや。良久して曰く、唗耐《ほたい》なり永平が舌頭、因と説き果と説いて由無し。功夫耕道多少の錯り、今日憐む可し水牛と作る。這箇は是れ説法底の句。帰山底の句作麼生か道わん。山僧出で去る半年の余。猶孤輪の太虚に処するが如し。今日山に帰れば、雲喜ぶの気、山を愛するの愛、初めよりも甚だし。）

道元禅師にとって、鎌倉下向は必ずしも心に叶うものではなかったかもしれない。それだけに永平寺に帰山した喜びは一しお強いものがあったに違いない。と同時に長年要請があった北条時頼との面談を終え、大きな約束を果し終えた安堵感が禅師の心を満たし、何かふっ切れた感を持たれたに違いない。

その後の上堂の語を見てみよう。

上堂。手を拍って得た法を弟子の手に授けて、インドでも四七二十八代、中国で二三六代伝持されて来た。その法を受け継いだ者は、その恩に酬いるため、百千万億の教化門を開いて伝えて来た。その教えの中味は、岩の畔《ほとり》にある老梅のように気高く、海に住む仙人の庭に咲く桃の実のように偉大である。その働きは一つ一つ歴然としており、かつ一瞬一瞬跡を残さない。

そのとおりではあるが、ここ永平寺に於ては、山が高いため雪のとけるのは遅く、老木に春が訪れるのはゆるやかである。どうしてそうなるのか。くわしく知りたいと思うか。それは老鶴が月を夢みて眠るのは全く自分の影が無いからであり、蜜を求める蜂が、盛んに春の香りを採るのは、全く無心の働きだからである。

（上堂。手を拍って手を授く、一二三四七の伝持。恩を知って恩に報ず、百千万億の建化《こんけ》。巌畔の老梅、海上の蟠桃《ばんとう》。一機歴々三昧塵々。

然も是の如くなりと雖も、岳高く雪の釈《と》くること遅く、木老いて春の来ること緩かなり。甚《なん》としてか此の如くなる。還って委悉すや。老鶴月を夢みる無影樹、花蜂春を採《と》る萠《きざ》さざる枝。）

鎌倉から永平寺に帰られた道元禅師は、老鶴と花蜂にこと寄せて、自己を忘じた全く無心の世界をようやく楽しめる境地になったことを吐露されておられる。

上堂。我々は生まれたことは本来無い。この事実を担い来り、担い来たれ。死んで去る所は無い。この事実を担い去り、担い去れ。

結局の所はどうなのか。若し一心きりになれば、万法どこへ行っても、只一心きりとなる。

(上堂。生也《しょうや》従来する所無く、担い来たり、又担い来る。死也亦去る所無く、担い去り、又担い去る。

畢竟如何。心若し異ならざれば、万法一如なり。)

これも帰山後間もない時の上堂であろう。この日道元禅師は、生死本来無し。従って生死自在の境涯をはっきりと露呈されておられる。

上堂して云われた。大切にすべきは身心脱落の体験である。眼前の世界は忽ち破れて、大空《たいくう》を照らすばかりである。尊ぶべきは釈尊が金剛座を坐破された体験である。その悟りが吾が家の軒先まで届いていることを誰が知るであろう。

(上堂。云く。惜しむべし身心脱落。眼睛霹靂《びゃくれき》として雲漢を昭《て》らす。怜《あわれむ》べし坐破金剛座。誰か識らん吾が家の壁観。)

道元禅師ご自身の身心脱落の体験が、釈尊の金剛座打破の体験と寸分の違いが無かったことを宣言されておられる。多分禅師五十歳頃のことであろうと思われる。この宣言が出来たことで、祖師の位を完全に手にしたということができるであろう。

上堂。直指人心とはこの拄杖のことである。即心是仏とはこの握り拳のことである。このように心の底から親切に諸君の為に説き尽した。これで無上菩提はお休みとなる。

（上堂。直指人心拄杖。即心是仏拳頭。老婆親切、汝が為にす。無上菩提、大いに休す。）

道元禅師即釈尊となってしまうと、説くべき無上菩提は無いので、お休みとなる。

九、晩年の説法

説くべき法が無くなった道元禅師は、その後は一切法を説かなかったのかというとそうではない。その後も永平寺に於いて上堂されておられる。その円熟した説法を拝聴しよう。

上堂。人々はすべて夜光の珠（仏性）を握っており、どの家もどの家も荊山の珠（仏性）

を備えている。それなのに、どうして回光返照して悟らずに、その宝を抱きながら、他国をさまよい歩いているのであろうか。

古人も云っているではないか。仏性の声を耳にする時は、空谷のこだまのように、大小の声に応じて現われないものはなく、仏性の姿を眼にする時は、千の大陽が照らすように、すべての姿が、ぴったりと間違いなく現われないものはない。

それなのに、仏性を声色の外に求めようとするならば、達磨大師がインドから西来された教えを、大きくゆがめることとなってしまう。

(上堂。人人尽く夜光の珠を握り、家家自《おの》ずから荊山の璞を抱く。未だ回光返照せざれば、若為《いかん》が宝を懐《いだ》いて邦を迷う。

道うことを見ずや。耳に応ずる時、空谷の神《しん》の如く、大小の音声足らずということ無し。眼に応ずる時、千日の照らすが如く、万像、影質《ようぜつ》を逃るること能わずと。

若し声色の外辺に求めば、達磨の西来も也《ま》た大いに屈せん。)

道元禅師も、本具の仏性は誰も彼もすべてこのように声に現われ色に現われて明々白々であるぞといっておられる。

上堂。先師天童如浄禅師は大衆に示して云われた。参禅は身心脱落なりと。大衆諸君、この道理をくわしく明めたいと思うか。しばらく沈黙の後云われた。正身端坐こそ身心脱落の丸出しである。祖師方の悟りなぞは、全く空華のように意味はない。坐禅こそ達磨大師の壁観三昧を正伝しているものであるが、後代の児孫達は、この事実を知らず、邪説を説くばかりである。

（上堂。先師衆に示して曰く。参禅は身心脱落なりと。大衆還って恁麼の道理を委悉せんと要すや。良久して曰く、端坐して身心脱落すれば、祖師の鼻孔空華なり。壁観三昧を正伝するも、後代の児孫邪を説く。）

道元禅師はここに来て、すなわち悟り尽くして悟りが全く必要なくなった境地を手に入れて、始めて悟りは不要であり、只管打坐こそ壁観三昧の丸出しであると力強く説かれている。

上堂。参禅は仏と作《な》ることではあるが、仏を頭に描いてはならない。仏を頭に描いて参禅すると、仏はますます遠くに行ってしまう。塼《かわら》（迷い）を捨て、鏡（悟り）をも消してしまうと、どんな面目（世界）が現われてくるであろうか。ここに至って始めて真の坐禅工夫がどんなものかがわかる。

（上堂。参禅して仏を求むるに、仏を図《はか》ること莫れ。仏を図って参禅せば、仏転《うた》た疎なり。摶《かわらくだ》け鏡消《しょう》す。何の面目ぞ。纔《わずか》に知る、此《ここ》に到って功夫を用いることを。）

参禅に当って肝心なことは、仏になりたい仏になりたいと思い描かないことである。迷いも悟りも打ち捨てた非思量《ひしりょう》の坐禅を続けていけば、おのずから本来の自己に帰ることができる。すなわち真の悟りを手にすることができる。これこそ真の参禅である。

上堂。この世の歳月は夕方の稲妻のように瞬時であり、あらゆる縁は、誰もつなぎ留めようもなく何時も空しい。だからたとえこの面前の身が可愛くても、片時も弁道の功を積む努力をしなければならない。

これは堂中の修行者をいましめる言葉か、はた亦このわしをいましめる言葉であろうか。さてどうなのであろうか。しばらく沈黙の後云われた。山々の秋の姿は時雨《しぐれ》にぬれている。じっとこの山に住む山僧は、決して世間の風を逐うことはない。

（上堂。一世の年光夕電の中、万縁誰か繋《つな》がん。始終空《むな》し。縦《たと》い鼻孔面前に掛《かか》るを怜《あわ》れむとも、猶片時の弁道の功を惜しまん。

這箇は堂中衲僧の為にする底の句か、山頭老漢の為にする底の句か。又且《しばら》く如何。良久して云く、千峰の秋色時雨《しぐれ》に染む。頑石の住山、豈に風を逐《お》わんや。）

生死事大。無常迅速である。山深いこの永平寺に住む山僧（道元禅師）は、決して世間の風を逐うことはない。只管に打坐するのみの毎日である。

臘八接心での上堂。修行と仏法の二つの輪が一つになって転じた正にその時、菩提樹の下で悟りの華が明らかに咲き誇った。無量無数の大千世界は、国土もそこに住む衆生も同時に悟りの喜びにひたった。わが本師釈迦牟尼仏大和尚世尊は、この朝、菩提樹下の金剛座の上で坐禅して大悟なされた。

始めに説かれた言葉は、この夜は四分の三が既に過ぎ、あとの一分を残して、正に夜が明けようとしている。すべての衆生は皆微動だもしない。この時大聖無上尊は、あらゆる苦しみを断じ尽して悟りを得たが、その智慧を世間一切智と名づけられた。世尊がそのように仰言る意図を、諸君はくわしく知りたいと思うか。しばらく沈黙の後云われた。雪に埋もれた梅の中で、たった一枝ではあるが、香り高い花をつけて、春はもうそこだよと云わんばかりに咲いているではないか。

その時世尊は又仰言った。昔から積んできた功徳の力によって、心の中で念じたことは、すべて成就することが出来た。またいち早くかの禅定の心を証して涅槃の岸に到ることが出来た。そこで今迄立ちふさがっていた一切の怨敵も、欲界の他化自在天の魔王も、最早わたしを悩ますことが出来なくなって、皆わたしに帰依することとなった。それはわたしに、それだけの福徳・智慧が備わったからである。従って諸君も勇猛に精進して、真の悟りの智慧を求めるならば、誰でも出来ることなのである。既にこの智慧を得たならば、直ちに諸々の苦悩を断ずることが出来、一切の罪やけがれは消滅する。

これこそ、世尊が悟りを成就されたとき、最初に人間界・天上界の人々のためになされた説法である。世尊の法子法孫達は、このことをよくよく、知らなければならない。既に知ることが出来たならば、何と云ったらよいであろうか。

永平（わし）は今朝、雲水諸君のために言おう。聞きたいと思うか。しばらく沈黙の後云われた。明星が正に出現したとき、仏は成道された。それは雪の中の梅花が、一枝咲いたのと同じである。大地のあらゆる生物も草木もすべて同時に花開き、未だ曽って味わったことのない喜びが、この時に満ちあふれたのである。

（臘八上堂。行法二輪親しく転ずる処、菩提樹下覚華明らかなり。無量無数の大千界、依正一時に快楽生ず。我が本師釈迦牟尼仏大和尚世尊。今朝、菩提樹下金剛座上にあって坐禅して、等正覚を成ず。

最初に説いて曰《のたま》わく、是の夜の四分三已に過ぎ、後の一分を余して、明将《まさ》に現ぜんとす。衆類の行皆来動せず。是の時、大聖無上尊、衆苦滅し已って菩提を得。即ち世間一切智と名づく。世尊恁麼に道う意作麼生。大衆還って委悉せんと要すや。良久して曰く、雪裏の玉梅只一枝、妙香鼻を撲《う》って、春に先がけて到る。

当時世尊復云く、往昔造作せる功徳の利、心に念ずる所の事、皆成ずることを得たり。速疾に彼の禅定の心を証し、又涅槃の岸に到る。有る所の一切の諸《もろもろ》の怨敵、欲界自在の魔波旬、我を悩ますこと能わず、悉く帰依す。福徳智慧の力有るを以ってなり。若し能く勇猛に精進を作し聖智を求めば、得ること難からず。既に得ば即ち尽くす諸苦の辺、一切の衆罪皆銷滅すと。

是れ則ち世尊菩提を成ずる時、最初に人天の為にする説法なり。法子・法孫知らずんばあるべからず。既に知ることを得了《おわ》らば、作麼生か道わん。

永平今朝、雲水の為に道わん。聴かんと要すや。良久して曰く、明星正に現じ、仏成道す。雪裏の梅花只一枝。大地有情同草木。未曽有の楽しみ、この時に得たり。）

晩年の道元禅師の臘八接心上堂の語は、このようにすばらしい。仏の成道の世界は何も釈迦牟尼仏だけのものではなかった。すべての人々が誰でも味わい得る世界であることを力強く宣言された。だから「世間一切智」と仰言ったのである。この宣言は道元禅師ご自身が行法二輪親しく転じて、菩提樹下覚華明らかとなられたからである。そして禅師自身未曽有の喜びを味わったのである。

十二月十日の上堂。二祖慧可大師が雪の中に立って自ら臂を断って、達磨大師の教えを乞うた因縁を説いた後に云われた。わしは昨夜から今朝にかけ、降り続いた冬の雪を見るにつけ、嵩山少室峰のその昔を思い起こして、感激の悲涙で胸が一杯になった。永平（わし）は今、仏法の為また師を敬う為に、雪の中に立って臂を断つことは未だ難しいとは思わないが、恨むべきは、そのような師に会うことが出来ないことである。諸君は、このように慕古の志気を起こさねばならない。

そこで二祖をたたえる頌を示して云われた。雪・雪・雪。見渡す限りの一面の雪。雪の一片一片は同じでもなく別でもない。歌を歌い舞を舞いながら降りしきって、天地は一面真白である。月も見えず雲も見えず。炉の火も消え入るばかりである。五葉の梅花のように、雪の花が時に応じて現われてくる。凍った夜も年の暮の寒さもいとわない。谷川の松も山中の竹も、無心に仏法を説いているではないか。

（十二月初十の上堂。二祖の立雪断臂を挙し了って云く、永平、今朝昨夜に遇い並《なら》びに冬雪を見るに、嵩山少室峰の当初《そのかみ》を憶うて、感懐悲涙胸に満ち襟《えり》を霑《うるお》すのみ。

永平、今仏法の為師を敬う為に、雪に立ち臂を断ずること実に難しとすべからず。ただ恨むらくは、未だ其の師有らざる也。汝等須らく、慕古の志気を励ますべき者《もの》か。

頌に云く、雪々千里万里。片々同じならず別ならず。歌を逐い舞を逐うて乾坤新たなり。月を埋め雲を埋めて火井滅す。五葉六花、時に応じ節に応ず。夜凍及び歳寒を怕れず、澗松《かんしょう》山竹、虚心に説く。）

これは翌年の臘八接心での上堂であろう。雪・雪・雪の千里万里。谷川の松も山中の竹も只無心の仏法を説くばかりではないか。と道元禅師は僧堂の大衆に訴えておられる。

上堂。思い出すことだが、僧が趙州に問うた。万法は一に帰すと云いますが、その一はどこに帰するのでしょうかと。趙州は云った、わしは青州で一枚の着物を作ったが、その重さは七斤だったかなあと。

又僧が古徳に尋ねた、万法は一に帰すと云いますが、その一はどこに帰するのでしょうかと。古徳は云った、黄河は九曲りして大海に注ぐわいと。

師（道元禅師）は云われた、二人の老漢はこのように人の為に説かれたが、若しわしだったらそうは云わない。若し誰かが、万法は一に帰すと云いますが、その一は何処に帰するのでしょうかと問うたならば、その者に向かって言おう。この一本の拄杖の長さは七尺程じゃと。大衆諸君、もっとくわしく知りたいと思うか。しばらく沈黙の後云われた。春はどこから来るのかと問うても、梅の花自らは全くご存じないぞと。

（上堂。記得す、僧趙州に問う、万法一に帰す。一何れの処にか帰す。趙州曰く、我青州に在って一領の布衫《ふきん》を作る。重きこと七斤と。

又僧古徳に問う、万法一に帰す、一何れの処にか帰す。古徳曰く、黄河九曲と。

師曰く、二員の老漢、恁麽に人の為にす。若し是れ永平ならば又且く然らず。忽ち人有り万法一に帰す、一何れの処にか帰すと問わば、祇だ他に向って道わん。一条の拄杖七尺余と。大衆委悉するや。良久して曰く、春来の意を問わんと欲せば、梅花自ら知らず。）

この上堂は、道元禅師五十二歳頃のことであろうか。遂に禅師は、趙州も古徳も眼中に無くなったのであろうか。この梅花のようにわしは仏法はトントわからんと答えている。

上堂。古徳（薬山）は云われた、皮膚がすっかり脱け落ちてしまったわいと。先師（天童如浄禅師）は云われた、身心脱落と。さてこの境地に到って何と言ったら良いであろうか。

しばらく沈黙の後云われた。誰が云ったのか即心即仏・非心非仏と。これらは真の仏道ではない。若し人が真の祖師の心を知りたいと思ったら、月に巣ごもりした鶴が、寒さのあまり、夢から醒めた境涯とでも云おうか。

（上堂。古徳曰く、皮膚脱落し尽くすと。先師曰く、身心脱落也と。既に這裏に到って且《しば》らく作麼生。

良久して曰く、誰か道う、即心即仏、非心非仏は道に非ず。若し人、祖師の意を識らんと欲せば、老兎巣寒うして鶴の夢覚む。）

即心即仏も非心非仏も是れ馬祖の有名な言葉である。しかし道元禅師は、これさえも真の仏道ではないと云われる。それでは真の仏道とは何か。月に巣ごもりした鶴が寒さのあまりブルブルとふるえて夢から醒めた時は、それが真の仏道であるかどうかは全くご存じないに違いない。

上堂。永平（わし）には先師天童如浄禅師より正伝した一句がある。それは、雪裏の梅花只一枝である。中下根の者は、多くはその内容がわからないので誰も信じない。しかし上根の菩薩は、皆信じて疑うことはない。

（上堂。永平に箇の正伝の句有り。雪裏の梅花只一枝。中下は多く聞いて多く信ぜず。上乗の菩薩は信じて疑うことなし。）

道元禅師も月に巣ごもりした鶴が寒さのあまり、夢から醒めた境涯になってしまった。すなわち仏境涯ということさえ不要となってしまった。このような境涯になった人を何と呼んだら良いのであろうか。永嘉《ようか》真覚《しんかく》大師の「証道歌」の巻頭第一句にある「絶学無位《ぜつがくむい》の閑道人《かんどうにん》」とでもお呼びするのであろうか。

上堂して云われた。盛んに問答商量すると仏道が栄えているように見えるが、それは糞尿のように汚ない。問答の余地の無い一切皆空の世界は、稲妻や雷鳴の響きのように全く跡方が無い。この問答商量からも一切皆空からも脱却すると、外も内も無くなって、只カチーンの一撃だけとなる。

さて一体この時、どうなるのであろうか。しばらく沈黙の後云われた。昨夜から深々と降り積った雪は、一幅の絵となって眼前に現われているではないか。

（上堂。曰く。問有り答有り、屎尿狼藉《しにょうろうぜき》。問無く答無し、雷霆霹靂《らいていびゃくりゃく》す。十方大地平沈し、一切虚空迸裂す。外より入るを放《ゆる》さず、内より出ずるを放さず。一槌痛下して万事了畢す。

且く恁麽の時又作麽生。良久して曰く、再三総《すべ》て画図の中に在り、猛劈《もうへき》は従教《さもあらば》深夜の雪。）

「永平広録」第七巻の最初の上堂の語である。道元禅師は、この頃既にお身体もすぐれなかったかもしれない。ここで思い出されるのは、先師天童如浄禅師の教え、「雪裏の梅花只一枝」であろう。一槌カチーンと痛打して、この通り！　とその境涯を露呈されておられる。

上堂して云われた。兄弟達よ。今や絶好の時節である。一途に修行に専心努力せよ。時は人を待たない。丁度頭についた火を必死に払いのけるように、一生懸命修行するのである。そうすれば必ず本来の自己に目覚める。これは理屈ではない。

明眼の宗師に出合い、その機に身を投ずる。これこそ、仏道参学の上士と云う。若しこのような修行が行なわれていけば、仏祖の宗風が衰えることはない。まさにこの時はどうであろうか。しばらく沈黙の後云われた、生・老・病・死の四魔は、我が意にかかわらずせまってくる。だからこそ、この一生は仏祖の心を勤修する外はない。

（上堂。曰く。兄弟《ひんでい》、好箇の時光、直に須く努力すべし。時、人を待たず。須く頭燃を救《はら》うべし。
覿面《てきめん》に相付す、豈に言宣を仮らんや。
対眼投機、喚んで参玄の上士と作す。若し能く是《かく》の如くならば、所以に宗風墜《お》ちず。正当恁麽の時、又且く如何。良久して云く、四蛇足を画く、我が意に非ず。一世勤修す仏祖の心。）

この上堂は、道元禅師の我々法弟への遺言であろう。正師についてその指示に従って、只管に打坐するのみで良い。そうすれば、釈尊のいわれる世間一切智を手にすることが出来るぞと明言されておられる。

上堂して云われた。一体仏法を学ぶことは最も難しい。何故なら、たとえ菩提心を起こした時は真実であっても、その後魔に落ちることを知らず、病いに取りつかれていることに気付かず、その為道心が無くなって、修行し悟りを開こうとする気持ちが退堕してしまう。まことに憐れなことである。

近頃の求道者は、聡明という魔に取りつかれて、それが悟道であると思い、又名利の病いにかかって、それが悟りの成果であると誤解してしまう。それは只今生《こんじょう》の一生の身をけがすばかりでなく、多生にわたり永劫の功徳善根を損ない破壊する結果となる。これは学人にとって、最も悲しむべきことである。

仏法において真の悟りは容易にわかるものではない。それは思量分別で理解できるものではなく、聡明理智で明らかにできるものではないからである。それなのに魔に取りつかれてそれを大悟だと思い、名利の病いに執われてしまったのを功徳であると思ってしまう。それは全くの錯覚である。

そこで兄弟達よ。直ちに審細に参学して、聡明の魔を治し、名利の病いを直さねばならない。魔というのは、父母・師長・兄弟・骨肉・親戚・下僕の類の身を現わして、しきりに仏道から身を引くことを勧めるものである。又諸仏・菩薩・諸天・羅漢等の身を現わして、仏法を学ぶ者達に教え諭《さと》して云うには、仏道修行ははるかに遠く久しいもので、艱難辛苦に堪えなければならない。だから自分流儀に合わした方が良いし、身命の長養を心掛け、安穏快楽に暮して、世間にあって衣食豊かに五欲を欲しいままにして得道をはかるのが自然の道である。この大道と仏道との間に、あれこれの違いがあるものではない。又七転八倒する中に仏道があるのであるという。或いは恩愛の絆を棄てることは大変難しいという因縁を説いて、仏道から退転せしめるのである。従って、仏道を学ばんとする者は、このようなことをよく心得て取り上げてはならない。

思い起こすことであるが、或る僧が華厳休静禅師に尋ねた。大悟した人が迷った時（大悟を忘却した時）は如何でしょうかと。休静は云った。こわれた鏡は二度と照らさない。散った花は決して枝には戻らないと。

師（道元禅師）は云われた。永平（わし）は今日、華厳休静和尚の境界を隅から隅まで明らかにすることが出来た。そこで止むなく口を開いて云う。若し或る人が、わしに大悟した人が迷った時は如何ですかと問うならば、彼に向って云うであろう。大海がもうわしは十分満足じゃと云った途端、海に注ぐ百川は逆流せざるを得なくなると。

（上堂。云く、夫れ仏法を学習すること最も得難しと為す。所以は如何。縦い発心に実有りと雖も、魔に落ちることを知らず。病を発することを覚えずんば、道心破敗し修証退堕す。真《まこと》に憐愍す可き者也。

近代の学者、聡明の魔に嬈《なや》まされて以って悟道と為し、名利の病を発するに値《あ》うて以って効験と為す。但だ一生一身を損壊するのみに非ず、亦能く多生曠劫の功徳善根を損壊す。是れ乃ち学人の最も悲しむ可き也。

所謂悟りは太《はなは》だ容易に領覧せざる也。思量分別の能く解する所に非ず、聡明利智の暁了する所に非ず。魔嬈《まにょう》を認めて大悟と為し、病患に執して功徳と為す。豈に錯らざらんや。

兄弟《ひんでい》、直に須らく審細に参学して、魔を治し病を療ずべし。所謂魔とは、父母・師長・兄弟・骨肉・親昵《しんじつ》・従僕の類を現じて、頻頻《しきり》に強いて退道の因縁を説く。亦諸仏・菩薩・諸天・羅漢等の身を現じて又能く学者を教諭して云《いわ》く、仏道は長遠にして久しく勤苦《ごんく》を受く、自調には如かず。身命を長養し安穏快楽にして恒に世間に在って、衣食豊饒に五欲自恣して得道自然なり。大道《だいどう》何ぞ彼此に関わらん。造次顛沛《ぞうじてんぱい》、性に帰する也と。或いは棄捨すべきこと難きの因縁を説いて、道を退転せしむ。学者知って須《もち》う可からざる也。

記得す。僧、京兆華厳休静《きゅうじょう》禅師に問う。大悟底の人却って迷う時如何。休静曰く、破鏡重ねて照らさず、落花枝に上り難しと。

師云く、永平今日、華厳の境界に入り華厳の辺際を廓《ほがらか》にす。事、已むことを獲ず、両片皮を鼓す。或いは人有って、永平に大悟底の人却って迷う時如何と問わば、只伊に向って道わん、大海若し足ることを知らば、百川応《まさ》に例流すべしと。）


道元禅師は最晩年に至るまで、このように詳細に修行者の心得を述べておられる。特に現在の我々は、聡明の魔と名利の病いに取りつかれ、坐禅修行なぞは全く無意味なものとして一顧だにしない世の中になってしまった。

その結果が、世界各地で起きている対立・抗争・殺し合いであり、その人類が住む地球自体も、年々温暖化の進行に伴なう、急激な気候変動と天災の頻発による疲弊退化が顕著である。

これは人類の危機である。

この危機から脱する道は一人一人の心を落ち着かせる只管打座を毎日実行することしかないことを銘記すべきであろう。

十、入滅

建長四年（一二五二）禅師五十三歳の夏以降病いにかかられ、入滅の期が近いのを覚えられ、釈尊最後の説法に則り、「八大人覚」を開示された。その和訳文を拙著「坐禅に活かす「正法眼蔵」現代訳抄」から拝覧してみよう。

諸仏は是れ大人（偉大なる人）である。偉大なる人が覚知したところのものであるから、これを八大人覚という。この法を覚知することが、涅槃の因《もと》となる。次はわが本師釈迦牟尼仏が般涅槃に入りたもうた夜の最後の説法である。

第一は少欲《しょうよく》。未だ手に入れていない五欲（財・色・食・名誉・睡眠）を広く追い求めないのを少欲と名づく。仏は次のようにいわれた。

「汝等比丘達よ、よく知るがよい。多欲の人は利を求めることが多く、苦悩もまた多い。少欲の人は求めることもなく欲も無いから、この患《うれ》いがない。それ故少欲だけでも身に修むべきである。いかに況んや、少欲はよく様々な功徳を生み出すにおいてをやである。少欲の人はこびへつらって人の意を求めることもなく、また眼耳鼻舌身意《げんにびぜつしんい》の感官に引かれることもない。少欲を行ずる者は、心は自《おのずか》らひろびろとして平安であり憂え恐れることもない。何事をなすにつけても余裕があり、何時も満ち足りている。だから少欲の者は、何時も安らかな涅槃にいられる。是れを少欲と名づける」と。

第二は知足《ちそく》。すでに手にしたものの中で、それを受容し用いるのに限度をわきまえて満足することを知足と称する。仏がいわれた、

「汝等比丘達よ、もしもろもろの苦悩から脱却しようと思ったら、知足ということをよく観察せよ。知足というのは、十分に楽しくかつ心安らかな処である。知足の人は地上に臥していてもなお楽しく安らかである。不知足の者は天上界の堂内に居てもなお満足できない。不知足の者は富んでいても心は貧しく、知足の人は貧しくても心は富んでいる。不知足の者は、常に五欲にひきずり回され、知足の者からあわれみを受ける。これを知足と名づける」と。

第三は楽寂静《ぎょうじゃくじょう》。もろもろのさわがしさから離れて、ひとり閑静な処に居住するのを楽寂静と名づける。仏は次のようにいわれた。

「汝等比丘達よ、静かで人の作為《さくい》に及ばない自然な安楽を求めようと思うなら、さわがしさを離れて独り静かに住むべきである。静かな処に住む人は、帝釈天《たいしゃくてん》やもろもろの天の神が共に敬い重んずる。それ故自他のとらわれを捨てて、ひとり静かな場所に住み、苦の

本を滅しようと思うべきである。もし人々と共に居ることを楽しむなら、様々な苦悩を受ける。たとえば大樹に沢山の鳥が集まると、枯れたり折れたりする思いを受ける。世間のことがらに束縛されると、諸々の苦の中に沈んでしまう。たとえば老いた象が泥中に溺れて自力で脱出できないようなものである。これを遠離と名づける」と。

第四は勤精進《ごんしょうじん》。もろもろの善き事柄につき勤《つと》め修めて絶えることがないのを精進という。純一無雑の境地を失なわないよう進んで退かないことをいう。仏は次のようにいわれた、

「汝等比丘よ、もし勤めて精進すれば、何事も困難なことはない。それ故汝等は勤精進すべきである。たとえば少しの水でも常に流れていれば、ついには石を穿つことができる。もし行者の心が、しばしば怠って止めるようでは、たとえば木を楺んで火をおこす場合に未だ熱くならないうちに止めてしまえば、火を得んと欲してもとても得ることはできないようなものである。これを精進と名づける」

第五は不忘念《ふぼうねん》。また守正念《しゅしょうねん》とも名づける。常に法を守り忘れない。これを正念とも名づけまた不忘念とも名づける。仏はいわれた、

「汝等比丘よ、善知識を求め善き助けを求めるならば、不忘念にまさるものはない。もし不忘念ならば、もろもろの煩悩の賊も中に入ることができない。従って汝等は常に念を

おさめて心におくがよい。もし念を失えば、もろもろの功徳を失なってしまう。もし念力が堅固で強ければ、五欲の賊が中に入ってきてもそこなわれることはない。たとえば鎧をつけて陣中に入れば、何の恐れるところは無いのと同じである。是れを不忘念と名づく」

第六は修禅定《しゅぜんじょう》。法に安住して乱れない。名づけて禅定という。仏は次のようにいわれた、

「汝等比丘達よ、もし心が治まって一つになっている状態を定《じょう》という。心が定にあると、世間の日常生滅変遷する姿をよく知ることができる。それ故汝等は、常に精進してもろもろの禅定を習い修めるべきである。もし定を得れば、心は散乱しない。たとえば平生治水に気をくばり河川の管理に注意する家は、よく堤防の決壊を防ぐことができるようなものである。行者もまたそのとおりで、智慧の水を修禅定の堤で漏れないようにする。これを名づけて定という」と。

第七は修智慧《しゅちえ》。法を聞き深く思い、それに従って修行し証《さとり》をひらく。それを智慧と名づける。仏は次のようにいわれた、

「汝等比丘達よ、もし智慧があれば貪り執着することがない。常に自ら反省して智慧を失なわないようにする。こうすれば仏道の中にあって解脱を得ることができる。もしそうしないならば道人ではない。また在俗の人（白衣《びゃくえ》）ともいえない。何とも名づけようがない。

諸法の実相を究め尽くした智慧ある者は、生老病死の海を渡る堅牢な船であり、また無明の暗黒を照らす大いなる灯明であり、すべての病者にとっての良薬であり、あるいは煩悩の大樹を伐り倒す切れ味の良い斧である。それ故汝等は聞《もん》・思《し》・修《しゅ》によって至り得た智慧を、ますます自ら深めるが良い。もし人に智慧の輝きがあれば、たとえ肉眼であっても、明らかな眼の人ということができる。これが即ち智慧である」と。

第八は不戯論《ふけろん》。真理を悟って妄想分別を離れる。これを不戯論という。一切のあるがままの姿を究め尽くす。これが乃ち不戯論である。仏は次のようにいわれた、

「汝等比丘達よ、もしいろいろの無益な論議をすると心は乱れてくる。たとえ出家していても、とても解脱はできない。それ故比丘達よ。すみやかに戯論による乱心を捨てるべきである。汝等がもし寂滅《じゃくめつ》の涅槃《ねはん》の楽しみを得ようと思うならば、ただまさに戯論の愚を消滅させるべきである。これを不戯論という」

以上が八大人覚である。その一つ一つが、各々八つを備えている。即ち六十四となる。さらに広げていけば量り知れないものとなる。略していえば六十四となる。大師釈尊の最後の説法であり大乗の教えそのものである。これは二月十五日夜半の究極のお言葉であり、これより後はもはや説法されなかった。ついに完全な涅槃に入られたのである。仏いわく、「汝等比丘達よ、常に一心に勤《つと》めて出離《しゅつり》（解脱《げだつ》）の道を求めよ。世間の一切の動不動の法

（二見対待《にけんたいだい》の法）は皆是れ敗《やぶ》れ壊《こわ》れていく安楽でない姿である。汝等はしばらく静かにして沈黙せよ。時はまさに過ぎようとしている。我は涅槃《ねはん》に入ろうと思う。これがわたしの最後の教えである」と。

このようなわけで、如来の弟子達は、必ずこの八大人覚をならい学ぶのである。これを修め習わず知らない者は仏弟子ではない。これまさに如来の正法眼蔵《しょうぼうげんぞう》涅槃妙心《ねはんみょうしん》（仏道の真髄であり安心の極地）である。しかし今日、これを知らない者が多く、見聞したことがある者も少ない。それは悪魔にもてあそばれているからである。また宿世《しゅくせ》に善根を積むことが少なかった者は、これを聞かず見たこともない。昔正法《しょうぼう》や像法《ぞうぼう》の時代は、仏弟子は皆これを知っていたし修行し学んでいた。今は千人の比丘の中で一人でも二人でも、この八大人覚を知っている者はいない。哀れなことである。世も末で仏法がおとろえてしまった様は何物にも譬えようがない。しかし如来の正法は今三千大千世界に弘まって、純粋な法は決して滅することはないのであるから、急いで学ぶべきである。気をゆるめ怠るようなことがあってはならない。

仏法にめぐり合うということは、無量劫の時の中でも得難いことである。人間に生まれることもまた難しい。たとえ人身を受けても北州を除いた三州（東・西・南）の人身は北州よりすぐれているが、その中でも南州の人身はすぐれている。なぜかというと、仏の教化にあずかり法を聞き出家得道することができるからである。如来の入滅より前に亡くなった人々は、この八大人覚を聞くことも習うこともできなかった。それなのに我々は、それを見聞し習い学ぶことができる。ひとえに宿世に積んだ善根の力である。今我々は生生世世にわたって、それを習学し増長していけば、必ず究極の悟りに到り、衆生のためにこれを説くこととなる。その時は釈迦牟尼仏と同じであり異なることはないであろう。

この八大人覚は、大人即ち諸仏が覚知した八項目であり、釈尊最後の説法であり、かつ道元禅師の「正法眼蔵」結びの一巻である。この八項目を仏道修行の立場から見ると、第六「修禅定」の一語に尽きる。毎日の修禅定（坐禅の実行）を続けていけば、必ず「不忘念」「修智慧」「勤精進」が実現し、「少欲」「知足」「楽寂静」の生活となり、一切のあるがまんまの姿を究め尽くす「不戯論」が実現するようになるからである。

八大人覚は建長五年（一二五三）正月六日永平寺において書くと記されている。翌年七月十四日永平寺の住持職を第一の弟子である懐奘に譲り、八月五日波多野義重の勧めで、療養のため京都に上り、俗弟子覚念の高辻西洞院に入られた。

八月十六日の明月をご覧になって、

また見んとおもひし時の秋だにも
　今宵の月にねられやはする

と詠じて、悲愴の感慨を洩らされた。
八月二十八日（大陽歴九月二十九日）夜半次の遺偈を残されて入滅された。

五十四年　　五十四年
照第一天　　第一天を照らす
打箇跨跳　　箇の跨《ぼっ》跳《ちょう》を打して
触破大千　　大千を触破《しょくは》す
　咦　　　　咦《いい》
渾身無覓　　渾身覓《もと》むる無し
活陥黄泉　　活《いき》ながら黄泉《こうせん》に陥《お》つ

龕《がん》を留めること三日、道俗悲歎の中に遺骨を荼毘《だび》に附し、懐奘自ら霊骨を奉じ九月六日京都を発ち、十月永平寺に帰った。十二日如法に入涅槃の式が執り行なわれた。

嘉永七年七月二十四日、孝明天皇より「佛性伝東国師」の諡号が下賜され、更に明治十二年一月二十二日、明治天皇より「承陽大師」の徽号が加賜された。

以上が道元禅師の生涯と境涯の変遷を主に「永平広録」の上堂の語を中心に考察してきたが、その一生は、釈尊の正法を自ら信解行証入《しんげぎょうしょうにゅう》して体現したものを、滅亡寸前の大宋国から新天地の日本に導入して、この地を正法の総府たらしめんとする熱願を貫かれたものといって過言ではない。

その成果は今日形の上では曹洞宗門としておよそ一万ケ寺にのぼる宗教教団として国民の眼にのぼる存在であるが、それは一般には葬儀や年忌法要の場としての位置づけであって、道元禅師が熱願した正法興隆の拠点として人々の眼にふれるものとはなっていない。

そこで次の章で、道元禅師の主著である、「正法眼蔵」において道元禅師が説く正法とは何かについて考察することとする。

第二章　正法眼蔵と道元禅師の心

道元禅師が三十二歳の時選述された「正法眼蔵弁道話《べんどうわ》の巻」では、仏道の本質とそれを身につける最上の方法である坐禅の功徳を述べられ、また三十四歳の時書かれた「正法眼蔵現成《げんじょう》公案《こうあん》の巻」では、仏道の理論的裏付けと、その中で仏道修行においては、大悟の体験が必須であることを強調されたことについては、既に第一章で考察したとおりである。

そこで第二章では、それ以後著わされた「正法眼蔵」の主要な巻について、道元禅師が何を我々に訴えようとされたかについて、考察を進めることとしたい。

先ず三十九歳の時の「一顆明珠《いっかみょうじゅ》の巻」を、拙著「坐禅に活かす「正法眼蔵」現代訳抄」により拝覧しよう。

一、一顆明珠《いっかみょうじゅ》の巻

この娑婆世界大宋国《しゃばせかいだいそうこく》の福州《ふくしゅう》（福建省）玄沙山《げんしゃさん》の宗一《そういつ》大師は、法名を師備《しび》といい、俗姓を謝《しゃ》といった。在家であったころは魚釣りを好み、舟を南台江《なんだいこう》にうかべて、多くの釣り人と全く同じであった。この人は釣をしなくてもみずからに備わる黄金の魚（仏道）を待つまでもなく、（止むに止まれぬ菩提心にもよおされて）唐の咸通《かんつう》年間（八六〇―八七四）のはじめに、たちまち出家をねがい、舟を捨てて山に入った。ときに三十歳であった。浮世のはかなさを悟り仏道の高貴なるを知った。ついに雪峰山にのぼって真覚《しんかく》大師に参じて、昼も夜も参禅弁道した。

あるとき、広く諸方の明師宗匠《めいししゅうしょう》を尋ねて修行を徹底するため、応量器の袋をたずさえて山を出た。その時足の指を石につまずいてはがし血を流し、その激しい痛みのあまり、忽然《こつねん》として自己を忘じた。猛省していわく、

「この身はもともと無かったわい！　ただ痛いっきり！」

ただちに雪峰山に帰った。

雪峰は聞いた、

「備頭陀《びずだ》、お前はなにものか」

玄沙いわく、

「もう誰にもだまされません」

雪峰はこの言葉をことのほか喜んで、

「誰でもこの言葉を使うが、誰もこの言葉を本当にわかる者はおらんなあ！」と。

雪峰は重ねて問うた、

「備頭陀、お前はなぜ諸方を尋ねんのじゃ」

玄沙いわく、

「尋ねる達磨も二祖もおりません！」

雪峰はまた特にこれをほめた。

玄沙は日ごろは釣人《つりびと》であったから、経書《きょうしょ》など夢にも読んだことはなかったが、仏道への志を深く第一としたので、同輩をはるかに超える志気《しいき》があらわれた。雪峰も多くの弟子達の中で特にすぐれていると思い、門下の頭角《とうかく》であると賞めた。衣は布を用い、しかもたった一枚の衣だけで着替えがないので、つぎはぎだらけになってしまった。肌着には紙衣を用い、よもぎの葉も着た。雪峰に参ずるほかは他の師匠を尋ねることはなかったが、まさに師の法嗣《はっす》となる力量を身につけていた。

玄沙はついにみちをえてのち、人に教えて曰く、

「尽十方世界是れ一顆《いっか》の明珠《みょうじゅ》（全宇宙は一箇の珠ばかり）」と。

ある時一人の僧が問うた。

「和尚は全宇宙は一箇の珠ばかり、と教えておられると聞きましたが、修行者はどのように理解したらよいでありましょうか」

師曰く、

「全宇宙は一箇の珠ばかり。理解のしようがあるかい！」

玄沙は翌日その僧に問う、

「全宇宙は一箇の珠ばかり。お前はどのように理解しているか」

僧曰く、

「全宇宙は一箇の珠ばかり。理解のしようがございません」

師曰く、

「わかった。お前は何にも知らぬ真暗闇の中で、口を動かしているだけじゃな」


いま我々が聞いた「尽十方世界是れ一顆の明珠」というのは、玄沙が初めて吐《は》かれた言葉である。その精神はまず尽十方世界というのは、広大とか微少とかの枠を超えており、

四角でも丸くもなく、中正《ちゅうせい》（どちらにもかたよらない）というのでもない。活潑潑とも露《ろ》逈逈《けいけい》（丸出し）ともいえない。さらに生死《しょうじ》去来《きょらい》の相もないので生死去来そのものともいえる。従って大昔からここ（一顆明珠《いっかみょうじゅ》）から去り、今もここ（一顆明珠）からやって来る。よく見究めてみると一つ一つの現象だという見解も誤りである。かといって兀兀《ごつごつ》たる本質の世界とも決めつけられない。

尽十方というのは、物（客観）と我（主観）とが交流して無窮に続いて止むことがないということである。識情が生ずると仏智が隔てられる（情生智隔《じょうしょうちかく》）のでこれを隔《かく》という。ちょうど頭をめぐらすと顔もそちらに向く（回頭換面《かいとうかんめん》）ようなものである。分別がないと相手に応じて自由に事を展べる（展事投機《てんじとうき》）ことができる。そこでどこまでも相手と一つになって（逐己為物《ちくこいもつ》）活動していくと、それが未休《みきゅう》なる尽十方《じんじっぽう》（無窮の働き）となる。己れが無いのが真実（機先《きせん》の道理）であるから、うまくはたらきを完了（機要《きよう》の管得《かんとく》）させようと分別しても手にあまることとなる。（本来分別の入れようがない）

是一顆珠《これいっかじゅ》というのは、名のつけようがないものにつけた名である。従って仮りの名である。この一顆珠《いっかじゅ》は一念万念であり、無窮の過去から今に到るまで、一人一人の身心の上に輝く珠である。自分の外にある草木山河乾坤大地《そうもくせんがけんこんだいち》ではない一箇の明珠である。（この裏には、草木山河乾坤大地の一つ一つに輝く珠である。一人一人の身心の上にはない明珠である、が

略されている）

学人如何が会得《えとく》せん。この言葉はこの僧の分別業識からの質問のように見えるが、それがそのまま明珠の大用現前《だいゆうげんぜん》であり大軌則《だいきそく》である。さらにすすんで一尺の水には一尺の波の働きが突出するし、一丈の珠には一丈の明るさが現われている。（そのまま一顆の明珠）

ここで玄沙のいわんとするところを道取してみると、ただ「尽十方世界是れ一顆明珠《じんじっぽうせかいこいっかみょうじゅ》、用会作麼《ようえそも》」なりである。すなわち仏は仏に継ぎ祖は祖に継ぐ。玄沙は玄沙に正伝して申し分はない。正伝することを止めようとしても止めることはできない。それを止めようと試みても、すなわちしばらく分別の世界に逃げこんでみても、その世界がそのまま一顆珠と道取するよりほかはないので、何時も蓋天蓋地の明珠の時節が現前するということになる。だから会《え》を用《もち》いる余地《よち》は全く無い。

玄沙は翌日その僧に問うた。

「全宇宙は一箇の珠ばかり、お前はどのように理解しているか」

このいい方は、昨日は「用会作麼《ようえそも》」と定法《じょうほう》（本分上の事）を説き、今日は「汝作麼生会《なんじそもさんかえす》」と不定法《ふじょうほう》（修証辺の事）を説いている。この二枚を出し入れして昨日いったことを忘れ、今日はこの僧が言葉尻にひっかかるのを笑っている。

僧はいう、

「尽十方世界是一顆明珠、用会作麼」

この言葉は敵の馬にまたがって敵を逐い散らすといったおもむきがある。古仏南泉も異類《いるい》中行《ちゅうぎょう》（言葉は同じでも精神は全く異なる）と言っているではないか。よくよく反省し参究（回光返照《えこうへんしょう》）しなければならない。この「用会作麼」の言葉には幾つもの中味がある。例えば乳餅《にゅうびょう》七枚・草餅《そうびょう》五枚ということもあるが、実は南の果てから北の果てまで只一明珠の教行《きょうぎょう》あるのみである。

玄沙曰く、

「お前は何にもわからぬ真《ま》っ暗闇《くらやみ》の中で、口を動かしているだけではないか」

よく知らねばならない。太陽と月は昔から入れ替ることはできない。太陽は太陽、月は月、全く独立独歩である。（同様に玄沙と僧とは互いに独立独歩で本質の明珠丸出しである）だが六月の暑い盛りに、我が姓は時なりといわれて、その人の姓は熱なりと思うのは全く誤りである。（同様に玄沙と僧は、そのままで明珠で申し分なしと思うのは全くの誤りである）

このようなわけであるから、この明珠は始めなく終りなくとらえ処がない。全宇宙が一顆の明珠のみであるから二顆三顆とはいわない。全身が一箇の正法眼《しょうぼうげん》であり、真実体《しんじつたい》であり、一句であり、光明である。宇宙いっぱいの全身であるから全身というものもない。完全無欠でコロコロと転がる大活躍があるだけである。

明珠《みょうじゅ》の功徳は、このように目にいっぱい、耳にいっぱい、色にいっぱい、声にいっぱいに現成しているので、それがそのまま観音弥勒《かんのんみろく》・新仏古仏の現身説法《げんしんせっぽう》となる。まさにこのとき、この明珠はあるいは虚空にかかり、着物の裏に縫いつけられる。あるいは竜の頷《がん》下《か》にあるかと思うと転輪聖王《てんりんじょうおう》の髻中《けいちゅう》におさめられている。それらはすべて尽十方世界是れ一顆明珠である。

人々の衣の裏に本来そなわっている珠であるから、これを分別をもって表に出そうとしても不可能である。人々の髻中頷下《けいちゅうがんか》に具足《ぐそく》している様子が本来であって、思想や観念で表に出そうとしてもできるものではない。無明の酒に酔っているとき、珠を与えてくれる親友（仏祖方）がいる。その親友は何時も珠を与えることとしかしていない。人々がその珠をかけられたことを知る時節は、必ずぐでんぐでんに酔っぱらって、迷悟凡聖仏見法見《めいごぼんしょうぶっけんほうけん》を完全に忘れたときである。このとき既にこのとおり尽十方世界は一顆《いっか》の明珠《みょうじゅ》しかない事実がわかる。

このようにこの珠は、転《てん》（悟り）不転《ふてん》（迷い）と様子をかえていくように見えるが、ただ一箇の明珠に変りはない。（今までは珠のありかもわからず迷っていたが）今はまさに珠はこのようなものであったかと気がついた。それがすなわち明珠《みょうじゅ》の働きである。明珠はこのようにはっきり聞こえる声であり見える色である。（さらには立つ坐る泣く笑うとはっきりしている）既にこのとおりであるから、自分は明珠ではあるまいと思い違うのは（そのまま珠であるから）珠ではないと疑ってはならない。思いまどい疑い、そして迷いを捨て悟りを得ようとするはからいは、しばらく凡夫の小量の見解であるが、それは明珠が小量の見解に似せて現われたにすぎない。

何といとおしいではないか。明珠はこのように無限の彩光《さいこう》を放ち、色とりどりの光の一筋一筋が限り無い功徳を与えている。この功徳は誰も奪い去ることはできない。市場で瓦を投げて玉を引き寄せて盗むような小細工をする人にはこの珠はわからない。六道の因果に落ちる落ちないと思いわずらう必要はない。始めから終りまでくらますことのできない本来の面目は一明珠であり、この明珠が中心眼目である。

しかしながら、我も汝もともに何が明珠で何が明珠でないかがわからず、ああでもないこうでもないと思いをめぐらし、明らかに分別の草を結んで精魂《せいこん》を費してきたが、いま玄沙が示された一顆の明珠という法語《ほうご》によって、もともと明珠であった身心の様子を聞き・知り・明らかにすることができた。この明珠を大悟してみると、私の心などは吹き飛んでしまってどこにもない。ただ暑い寒いと起滅する念だけで誰もいない。もはや明珠だの明珠でないと取捨する必要はなくなった。

たとえ思いわずらっても明珠でないものはない。すなわち一顆の明珠である。何か明珠でないものがあって、起こさせる行動や念慮はどこにもないから、たとえ何もわからない真っ暗闇の中で行ったり来たりしたとしても、それはそのまま一顆の明珠となっているだけである。

そのとき嘉禎《かてい》四年（一二三八）四月十八日京都宇治、観音導利興聖宝林寺で僧衆に示す。


以上が「一顆明珠の巻」の訳文であるが、玄沙大師は在俗の頃、父と二人で漁に出たとき父が舟から転落した。懸命に父を助けようとしたが、波が荒く容易に助けられなかった。その時天上の月が海の水に映っているのを見て翻然と悟った。

「聞く処によると一切諸法は因縁により生ずという。因果の道理は影の形に随うように必然である。自分は生来《せいらい》父と共に殺生の業を積み、未だかつて一善もこれに報《むく》いたことはない。今父を助けて生存すれば、終生殺生《せっしょう》の業を続け、三途の苦を受けるであろう」と思って父を見殺しにして出家したという。親不孝のこれに勝るものはない。だが玄沙の世間一般の父への恩愛の絆を絶って、三界流転の根源を断ち切った父への真の報恩は、人の容易にうかがい知るところではない。この決意があったからこそ、玄沙の修行は純粋猛烈なものであ

った。（真の仏道修行はこの純粋猛烈な決意が必要である）

玄沙は自分の身は実に質素にして、決してわがままを表に出すことはなかった。そして、雪峰のもとで弁道一筋に身心をそそいだ。これも父を見殺しにした無常観と罪悪観に裏付けされた止むに止まれぬ求道心《きゅうどうしん》があったからである。この一筋の純粋な求道心があったればこそ、足の指を石にぶつけて生爪をはがし「痛い！」きりとなって自己を完全に忘じ尽くして大悟し、

「達磨東土に来たらず二祖西天に往かず」

と脱落を得ることができた。仏道修行には、どうしてもこの大悟の体験が無ければならないことを強く銘記しなければならない。

威儀《いいぎ》即仏法《そくぶっぽう》であるから威儀を正しくさえすれば仏道の丸出しであり悟りを求める必要はない。否かえって悟りを求めるのは邪道であるという主張は、それこそ邪道である。そんなことでは、玄沙のように「ついに敢て人に誑《だま》されず――もう誰にもだまされません」と豪語して真の安心を得ることはできないからである。自分が先ず大安心して、人をして大安心せしめることができなくて、何で真実の宗教ということができようか。玄沙が大安心した境地から飛び出してきた言葉が、

「尽十方世界是れ一顆の明珠」

なのである。これを大悟という。

二、即心是仏《そくしんぜぶつ》の巻

道元禅師四十歳の時の「即心是仏の巻」は次のとおりである。

歴代の祖師方が、ことごとく護持してきた事実は、即心是仏《そくしんぜぶつ》の一語につきる。しかるにインドには即心是仏の語はない。中国で初めて現われたと学者達は誤っていう者がいるが、それはとんでもない誤りである。その誤りを徹底的に追究しないから、多くは外道に零落し果てている。その一例をいうと、即心と聞くと馬鹿な者は、衆生の未だ菩提心が起きる前の慮知念覚がそのまま仏であると思っている。これは未だかつて正師に逢わないためである。

外道の仲間になるというのは、インドには先尼となづける外道がある。その先尼外道《せんにげどう》の見解というのは、

「大道《だいどう》は、われわれの今の身体にある。その様子はたいへんわかりやすい。すなわち、苦楽を知り、冷暖を自知し、痛痒を感じている。それはすなわち不変の霊知《れいち》であって、万物にさまたげられず、どんな環境にもかかわらない。物は去来し環境は生滅しても、霊知は

つねに存在して不変である。この霊知はあまねく行き渡っており、凡夫も聖人も命あるものはすべてに隔てがない。ときどきは煩悩《ぼんのう》の雲が空華のように現われることがあっても、やがて一念の霊知がでてくると、迷う物も環境も消え失せて、霊知の本性だけが、ひとり明明了了として鎮坐することになる。たとえこの身はなくなっても、霊知はなくなることはなく、この身体から出て行く。ちょうど家は火で焼けても、その家主は家を出ていくようなものである。霊知は明明として妙なる働きをしている。これが覚者知者《かくしゃちしゃ》の本性である。これを仏ともいい悟りともいう。自他ともに同じく霊知をそなえ、迷悟ともに貫いている。万物や環境はどうあれ、この霊知は環境や物と違って永遠に変ることはない。

今現にある環境も、霊知がそこにあるのであるから真実といって差しつかえない。それは本性より縁起してできたものであるから実在の法である。しかしそうはいっても霊知のように常住ではない。それは生滅するからである。それに反し霊知は明暗に関係なく働くから、そこでこれを霊知という。またこれを真我《しんが》とも覚元《かくげん》とも本性とも本体ともいう。このように本性を悟ったのを常住に帰ったといい、また帰真《きしん》の大士《だいし》ともいう。これからのちは、さらに生死の迷いに流転することなく、不生不滅の法性の大海に証入するのである。このほかに真実はない。この本性がはっきりしない限りは、三界六道の迷いの世界が競合して現われる」というものである。

大唐国大証国師慧忠《だいしょうこくしえちゅう》和尚（―七七五）が僧に問うた。
師「どこから来たか」
僧「南方から参りました」
師「南方にはどんな知識がいるか」
僧「沢山の知識がおります」
師「どのように教えておるか」
僧「かの地の師は、真っ先に学人に即心是仏と示されます。すなわち、仏とは覚《かく》を意味します。われわれは悉く皆、見聞覚知《けんもんかくち》を具えています。この性は眉をあげたり、まばたいたり、行ったり来たり活動し、身中に偏満していて、頭にふれると頭が知り、脚にさわると脚が感ずる。そこで正偏知《しょうへんち》といいます。この外に別に仏はありません。この身は生滅しても心性は無始以来生滅したことはありません。この身が生滅するのはちょうど龍が骨を換えるようなものであり、蛇が皮をぬぎ、人が古い家を出るようなものであります。すなわち身は無常であるが本性は常住である。南方で教える中味はおよそこのようなものであります。」
師「もしそうならば、それは先尼外道《せんにげどう》と全く区別ないではないか。外道はいう、『わがこの身中に一つの神性《しんしょう》がある。この神性はよく痛いかゆいを知り、身がこわれるときはこの神性は出ていく。あたかも家が焼かれれば家主が家を出ていくのと同じである。家は無常であるが家主は常住である』と。

この説をよくしらべてみると、邪正《じゃしょう》をわきまえていないといえる。どうしてこれを正しいと認められようか。わしが諸方を遊学した頃、このような風潮があったが近頃は極めて盛んである。三百五百の人を集め、大空を見つめながら、これこそ南方の宗旨とうそぶいている。かの六祖《ろくそ》檀経《だんぎょう》の聖意をねじまげて、自分の考えをまじえ後進の者を惑乱している。どうして仏祖の教えといえようか。にがにがしいことに吾が宗はほろびてしまったといってもよい。もし見聞覚知をもって仏性であるというならば、維摩居士が次のようにいうはずはないではないか。即ち、

『法は見聞覚知を離れている。もし見聞覚知を行ずるときは、それは見聞覚知のみであって、法を求めるものではない』と。」

南陽の慧忠国師は、六祖古仏のすぐれた弟子である。天上界人間界の偉大な師匠である。従って国師の示す宗旨をよくあきらかにして参学の手本とすべきである。前述の説は先尼外道の見解と知って決して従ってはならない。近代の大宋国で、諸山の主人となっている者の中には、国師のようなすぐれた者はいない。昔から国師にくらべられるような師家は、いまだかつて現われたことはない。しかるに世人は、あやまって臨済大師や徳山和尚は国

師に匹敵するであろうと思っている。このように思う人ばかりが多い。まことに残念なことに、これは明眼の師がいないということである。

いわゆる仏祖方が護持保任《ごじほにん》してきた即心是仏《そくしんぜぶつ》というのは、外道や二乗（声聞・縁覚）の夢にも見ることのできない境地である。ただ仏祖方だけが、即心是仏を体得し究めつくして聞き行じ証してきたものである。その様子を、即心是仏のおのおのについて見てみると、

仏とは一切の思想観念の草をひねりつぶし打ち払った世界である。従って丈六の金身と説き示すことなどできない。

即は公案（絶対の事実）のことで、現成の事実、敗壊《はいえ》の事実。それが即である。

是とは欲界色界無色界《よくかいしきかいむしきかい》の三界から退出する（小乗）のでもなく、三界のまま唯心《ゆいしん》（大乗）というのでもない。

心とは牆壁《しょうへき》のことであるが、それは泥を水でこねて作ったものでもなく、誰かが造作したものでもない。

そこである時は即心是仏《そくしんぜぶつ》きりと参究し、ある時は心即是仏《しんそくぜぶつ》（心きり）と参究し、仏即是《ぶつそくぜ》心《しん》（仏きり）と参究し、即心是仏《そくしんぜぶつ》（即きり）と参究し、是仏心即《ぜぶつしんそく》（是きり）と参究する。このように参究していくことが、まさに即心是仏であり、即心是仏が即心是仏に正伝することとなる。このような事実の正伝だけが、今日の真実である。

その正伝してきた心とは、一心《いっしん》しかないという事実である。従って古人もいっている。「もし人が本当の心を識得すると、大地は寸土といえども無くなる」と。すなわち真実の心を悟ると天地は崩壊してなくなってしまう。また同時に本当の心を悟ると、大地はさらに三寸の厚さを増して現われる。

古仏いわく「浄く明らかな心とは、すなわち山河大地であり日月星辰である」と。これ以上明らかな事実はない。心とは山河大地であり、日月星辰である。だがこの事実を悟ったといっても未だ不十分である。悟るべきものが無くなったとき、眼にいっぱい耳にいっぱいの事実となる。そうなると山河大地《せんがだいち》の心とは山河大地のみという事実のことで、さらに波とか風の理屈が無くなる。日月星辰《じつげつせいしん》の心とは日月星辰だけの事実のみで、霧やかすみの想念の入れようがない。生死去来《しょうじこらい》の心とは生死去来の事実のみで、迷悟を論ずる余地はない。牆壁瓦礫《しょうへきがりゃく》の心は牆壁瓦礫の事実のみで、泥や木の論議は不要である。四大五《しだいご》蘊《うん》の心は四大五蘊の事実のみであって、馬や猿の作用は消え失せる。椅子払子《いすほっす》の心は椅子払子の事実のみで、竹や木の分別は関係ない。以上が真の事実であるから、即心是仏きりで一切のけがれはついていない。諸仏と頭に描きようがない事実が諸仏である。

以上のようなわけであるから、真の即心是仏を手に入れるには、発心《ほっしん》・修行《しゅぎょう》・菩提《ぼだい》・涅槃《ねはん》の猛修練の諸仏でなければならない。未だかつて発心もせず修行もせず菩提の悟りの体験もなくその結果としての涅槃寂静《ねはんじゃくじょう》の世界を味わったことのない人達は決して即心是仏ではない。従ってたとえ一刹那の間でも発心修証すれば、それだけの即心是仏となる。たとえ一極微塵《いちごくみじん》の短時間でも発心修証すれば、それだけの即心是仏を実践したこととなる。たとえさらに無量劫《むりょうごう》の長きにわたって発心修証すればその無量劫の即心是仏である。たとえ一念発心修証してもそれが即心是仏である。たとい拳《こぶし》を半分にぎる間でも発心修証すれば、そのまま即心是仏である。それなのに長劫に修行を続けるのは長劫の修行であって、即心是仏という頓修頓悟の修行ではないというのは、即心是仏の真の精神がわからずかつ知らない連中である。本当の参学をしたことのない連中である。即心是仏の真の精神を説き示す正しい師匠に逢わない人々である。

いわゆる諸仏とは具体的には釈迦牟尼仏である。その釈迦牟尼仏は即心是仏の事実を示された。従って過去・現在・未来三世のどの仏も事実を我々に示されたときは、必ず釈迦牟尼仏のお姿となる。それが即心是仏の事実である。

そのとき延応元年（一二三九）五月二十五日、京都宇治、観音導利興聖宝林寺で僧衆に示す。

以上が「即心是仏の巻」の訳文であるがこの巻でも、歴代の祖師方が護持してきた事実は

「即心是仏」という大悟の体験であり、その大悟とは「諸仏と頭に描きようがない事実が諸仏である」と心の底から納得することであると道元禅師はいわれている。

ところが多くの人は、衆生の未だ菩提心が起きる前の慮知念覚がそのまま仏であるというインドの先尼外道《せんにげどう》の見解が仏道であると誤解しており、この誤解は中国でも、大証国師の頃から始まり、道元禅師が在宋中の多くの師家達が、この外道に零落していると慨歎されておられる。

ひるがえって今日の日本の禅界を見ると大半が同様な誤りに陥入っている。「衆生本来仏」であるから、我々はもともと仏の性能を備えており、悟りを求める必要はない。悟りを求めるのは却って邪道である。という主張が何とも心良く響くのである。

果して道元禅師は、このような主張を容認してくれるであろうか。

三、谿声山色《けいせいさんしょく》の巻

次に道元禅師四十一歳の四月に選述された「谿声山色の巻」を拝覧してみよう。

阿耨多羅三藐三菩提《あのくたらさんみゃくさんぼだい》（無上道）の仏道を、師匠から弟子へ直接伝えられ受け継いできた仏祖方は数多くある。その方々の粉骨砕身の命懸けの修行の蹤跡《しょうせき》は歴然として存在している。例えば二祖慧可大師が臂《ひじ》を断って達磨大師に呈し初めて入室を許された実例を我々はよく学ばねばならない。また釈尊が因位《いんい》の修行中に、泥路《でいろ》に自分の髪の毛を切って敷いて然灯仏《ねんとうぶつ》をお通ししたという実例にたがわぬよう我々も努力すべきである。このようにして各自が身心脱落ともいうべき大悟の体験を得てみると、従来の知識や見解に拘束されることがなくなり、長い間経験することができずわからなかった真実の世界が忽ち現前することとなる。この曠劫《こうごう》未明《みみょう》の事が現前した只今は、自分も不知、誰も知らない、汝も期待不可能、仏様さえご存じない世界なので、まして人間の思慮で測り知ることは到底できないのである。

大宋国に東坡《とうば》居士《こじ》蘇軾《そしょく》という人がいた。字は子瞻《しせん》という。書道の達人であるとともに、仏道に帰依し大悟した龍のような人物である。このように書道・仏道の二道に通じかつ二道を極めた大人物である。あるとき盧山《ろざん》にのぼって一夜の宿をとったのであろう。夜通しひびく渓谷の水の流れの音を聞いて忽ち悟った。そして次の偈を作って常総禅師《じょうそうぜんじ》に呈した。

谿声《けいせい》は便ち是れ広長舌《こうちょうぜつ》
山色清浄《さんしょくしょうじょう》身に非《あらざ》る無し
夜来八万四千《やらいはちまんしせん》の偈《げ》

佗日《たじつ》如何《いかん》が人に挙似《こじ》せん

この偈をご覧になった常総禅師はこれを良しとして東坡居士の悟道を承認された。総は照覚常総《しょうかくじょうそう》禅師のことであり黄龍慧南《おうりょうえなん》禅師の法嗣《はっす》である。慧南禅師は慈明楚円《じみょうそえん》禅師の法嗣である。

東坡居士があるとき仏印禅師《ぶつちんぜんじ》了元《りょうげん》和尚に相見《しょうけん》した。その時仏印は居士に法衣と仏戒を授けた。その後居士は常に法衣を身につけて、仏道修行に励んだ。居士がある時仏印と問答した際、腰に結んだ宝玉で飾った帯を贈呈した。これを聞いた人々はこのようなことは到底凡俗の及ぶ所ではないと讃歎した。このような大人物が谿水を聞いて大悟した因縁は、我々後輩にとり多大な法のうるおいであり、利益《りやく》になるものと確信する。

甚だ残念なことに、東坡居士も我々も何年もあるいは何十年もの間、仏の現身《げんしん》説法を聞くことができず、否聞いてはいるがその精神がわからず化儀《けぎ》にもれている状態だったので、どうしても真実の山色《さんしょく》や谿声《けいせい》を聞くことができない。八万四千はおろか一句も半句も聞くことができない。甚だうらむべきことに悟らないうちは山水にかくれた声色《しょうしき》があることがわからない。だが同時によろこぶべきことは悟りさえすれば山水に声色ありということがわかる時節となることである。（従ってこの時節を至らしめる修行という因縁をたゆまず加えることが大切である）「谿声便是広長舌《けいせいすなわちこれこうちょうぜつ》」の舌相《ぜっそう》も「山色無非清浄身《さんしょくしょうじょうしんにあらざるなし》」の身《しん》色《しき》も懈怠《けたい》や倦怠《けんたい》（現われたり失くなったり）することはない。否現われたりかくれたりもする。即ち悟ればその事実が現われるし悟らない時はその事実がかくれてしまう。この現われたりかくれたり（悟・不悟）は一枚で同じことなのかそれとも半枚（一枚二枚を超えた事実）なのかよくよく参究すべきである。東坡居士《とうばこじ》も今までは見聞できなかったが昨夜来の谿声《けいせい》でこの山水を見聞できた。しかしそれは未だ悟りのわずかな入口にすぎない。

いま仏道をならう菩薩方はまず山水（すべての存在）の流不流の問題を学ぶことが仏道修行の入門である。東坡居士が悟る前日、常総禅師と無情説法の話（僧、大証国師に問う「無情かえって説法を解するや否や」国師いわく、「常説熾然《じょうせつしねん》、説無間歇《せつむかんけつ》」）を参問していた。この時禅師の言下で悟ることができなかったが、その翌日の夜、谿川《たにがわ》の水の音を聞いたとき「逆水の波浪が高く天をつく」という程の確かな体験を得ることができた。従って、谿声が東坡居士を驚かして悟らせたのは、谿声のお蔭であるのか、それとも前日照覚常総禅師に参問したことが居士に流れ込んだお蔭なのであろうか。恐らくは照覚禅師から聞いた無情説法《むじょうせっぽう》の語のひびきがそのまま続いて東坡居士の気がつかない中で、谿流の夜の声に乱れ入ったものであろう。この居士の体験は一升程度の小悟と弁肯すべきものなのか、一大海のような大悟と受け取るべきなのか。一大参究ものである。究極のところ居士が悟ったといえるのか山水が悟ったといえるのか、明眼の者ならば、「長舌相清浄身《ちょうぜつそうしょうじょうしん》」（広長舌が清浄身そのものという事実）をよく着眼すべきである。

また香厳《きょうげん》智閑《しかん》禅師がかつて大潙《だいい》大円禅師《だいえんぜんじ》の会において参禅した時、大潙は次のようにいわれた、

「お前は頭が良くかつ仏教教理を広く学んでいるから沢山のことを知っている。そこで経論の章句の中から記憶していることをいうのではなく、父母《ぶも》未生以前《みしょういぜん》の一句《いっく》をわしの処へ持って来なさい」と。

そこで香厳は何とか言おうと努めるが何を持っていってもかなわない。深く自分の無能をうらみ、多年たくわえていた経論等をひもといて答を探してみたが見つからずただ茫然とするのみであった。ついに火をもって年来集めてきた書を焼いて曰く、

「画に書いた餅では腹ははらない。わしは誓って今生において仏法を会得しようとは思わない。ただ行粥飯僧《ぎょうしゅくはんそう》となって皆さんの給仕をさせてもらおう」と。

ついに衆僧の給仕役として長年月経過した。行粥飯僧というのは、参禅の衆僧にお給仕をする役である。日本でいう陪饌役送《ばいせんやくそう》のような役である。このように経過するうちついに大潙禅師に次のように訴えた、

「智閑《しかん》は身も心も昏愚《こんぐ》にして蒙昧《もうまい》であり、仏道を得ることはできません。どうぞ和尚、私

に教えて下さい」

　大潙はいった、

「わしはお前のために教えてやることはかまわんが、もしそうしたら恐らくお前は後でわしをうらむことになるであろう」

　こうして年月を送るうち、大証国師《だいしょうこくし》（南陽慧忠国師）の修行の跡を尋ねて武当山《ぶとうざん》に入り、国師の居られた場所に草庵を結んで住むこととした。竹を植え友とした。ある時道路を掃除していた時、瓦のかけらが飛んで行って竹にあたり、カチーンと響きを立てた。その音を聞いた途端豁然として大悟した。香厳は直ちに沐浴して身心を潔め、大潙山に向って焼香礼拝し次のように申し上げた、

「大潙大和尚。昔あなたが私のために教えてくださっていたならば、どうして今のこの大悟の一大事に会うことができたでしょうか。和尚のご恩の深いことは、父母よりもすぐれたものであります」と。

ついに一偈を作った。

　一撃亡《ぼう》ズ二所知ヲ一　この一撃で分別知が消失した
更不二自ラ修治セズ一　さらに修治する要はなくなった
動容揚《あが》リ二古路ニ一　日常の生活は千古の大道

不レ堕セ二悄然機ニ一　　悄然とした気持はなくなった
処処無シ二蹤跡一　　どこで何をしても跡が無い
声色外ノ威儀ナリ　　主観客観を超えた威儀ばかり
諸方達道ノ者　　諸方の達道の人達は
　咸《ことごと》ク言ウ二上上ノ機ト一　　みな上上の機とたたえている

この偈を大潙に呈したところ大潙いわく、
「よろしい。お前ははっきりしたな」

また霊雲《れいうん》志勤《しごん》禅師は三十年の弁道を続けていた。あるとき遊山をした時、山のふもとに休息してはるか人里を見渡していた。時まさに春であり桃の花が咲きほこっていたのを見て忽然《こつねん》として大悟した。そこで一偈を作って、大潙禅師に呈した。

三十年来尋ヌ二剣客ヲ一　　三十年真の自己を求め続けた
幾回《いくたび》カ葉落チ又抽《ぬきん》ズルレ枝ヲ　　幾度か葉落ち枝をぬく体験があった
自《より》三従一《ひとたび》見テ二桃花ヲ一後《のち》　　今この桃花を見てより後は
直《じき》ニ至ルマデ二如今《いま》ニ一更ニ不レ疑ワ　　絶対疑わぬ大安心を得たわい

大潙曰く、

「桃花という縁より悟った者は永久に迷うことはない」と。

直ちに印可を与えた。悟った者は必ず何かの縁によるものである。そして悟った者の智慧はこわれない。それはひとり志勤《しごん》禅師だけではない。すべての悟った者も同様である。こうして志勤禅師は大潙の法を嗣いだ。これは山色が清浄法身毘盧遮那仏《しょうじょうほっしんびるしゃなぶつ》であり桃花が法身仏であるからに外ならない。そうでなければ法身仏に相見して悟りを開くことなどあり得ないのである。

ある僧が長沙岑《ちょうさしん》禅師に問うた、

「どうしたら山河大地すべてを自己とすることができましょうか（宇宙を呑んでただ一人となること）」

師曰く、

「山河大地ばかりで自己などというカケラはどこにもないわい」

このやり取りは、事実は本来の自己しかないのであるから、自己が山河大地といっても山河大地が自己に帰するといっても、言葉の帰属に罣礙《けいげ》（わざわい）されるものではない。（普通の人にはさっぱりわからないが、大悟した道人にはどちらも同じと受け取れる）

瑯琊《ろうや》の広照《こうしょう》大師慧覚《えかく》和尚は、南嶽の遠孫で潙山禅師七世の法孫である。ある時教家の講師である子璿《しせん》が質問した。

「本来清浄本然なのになぜ忽ち山河大地が現われるのでしょうか」

こう問われた慧覚《えかく》和尚は示して曰く、

「本来清浄本然《ほんらいしょうじょうほんねん》の山河大地《せんがだいち》ばかりじゃよ」

この問答でわかることは、本来清浄本然なる山河大地を不浄な山河大地と見誤ってはならないということである。経師はこの事実を夢にも知らないので、この山河大地が本来清浄本然の山河大地であることを知らないのである。

よくよく知らねばならない。「山色清浄身谿声広長舌《さんしょくしょうじょうしんけいせいこうちょうぜつ》」すなわち天地万物が法身仏でなければ、釈尊の拈華瞬目で仏法を開演し、慧可大師が礼拝帰位したのを見て達磨大師が「わが髄を得たり」と証明されることはなかった。また谿声山色の功徳があればこそ、釈尊の「大地有情同時成道」の宣言がなされ人類で初めての「見明星悟道《けんみょうじょうごどう》」の体験が実現したのである。このような人々はみな求法《ぐほう》の志が甚だ深く、その心意気の盛んな先哲である。これらの先哲の行跡《ぎょうせき》を今の我々は必ず参じ取らねばならない。今日も名誉や利欲にかかわらない真実の求道者は、このような強烈な志を立てるべきである。

インド中国より遠く離れた日本における最近の状況は、本気で仏法を求める人に出遇うことは稀である。無いわけではないが、そういう人に出合うことは難しい。たまたま出家して俗人の生活を離れたように見えても、実は仏道を名利のための手段方法とする者のみが目につく。まことにあわれであり悲しむべきことである。この貴い光陰を惜しまず、むなしく暗黒の悪業の売買ばかりして一生をすごしたならば、何時になったら、迷いの世界を離れて仏道を会得する時が来るであろうか。このような人達は、たとい正師に出会っても、菩提心が無いので正師を真龍として尊敬することができない。このようなやからを先仏は「あわれな人間」といっている。これはみな前世で悪業を作った原因によるもので、それ故にせものの仏道で満足しているのである。生まれてくるとき法のために身を捧げよう、法を求めることを志そうと思わずに托胎《たくたい》するので、真実の仏法に出逢っても真龍と思わない。またせっかく正法に出逢っても却って正法にきらわれる結果となる。この身心・骨肉が正法の因縁によって托胎し出生したものでないため、正法に相応せず従って正法を受用することができないのである。先祖代々師匠から弟子へと前記のような状態で長い年月経過してくると、菩提心と聞いても昔の夢物語を聞くようでピンとこない。そこであわれなことに、正法の宝の山に生まれながら宝の価値を知らず、その宝を見たこともない状態となる。ましていわんや正法の宝を手にすることなどできようか。

もしひとたび菩提心を起こした後は、六趣《ろくしゅ》（地獄・餓鬼・畜生・修羅・人間・天上の各世界）四生《ししょう》（胎《たい》・卵《らん》・湿《しつ》・化《け》の四つの生）を生まれ代り死に代り輪転《りんでん》しても、その輪転の因縁がみな菩提心の実現実行、衆生済度の誓願となるのである。従って従来の光陰は、たといむなしくすごした者でも、今生の未だ終らないうちに急いで菩提心を発願すべきである。

その発願の仕方は、第一にねがわくは、われと一切衆生と、今生だけでなく次の世もまたその次の世も永久に正法を聞くことができますように。第二に正法を聞くことができたときは、決して正法を疑うことがなく信じないことがありませんように。第三に正法に出逢ったときは世俗の法を捨てて必ず仏法を受持できますように。第四に大地有情とともに釈尊と同じ悟りを開いて仏道を成ずることができますように。このように発願すれば、おのずから正しい発心《ほっしん》の因となり縁となろう。従ってこの心掛けを決して怠るようなことがあってはならない。

またこの日本国は、中国からは海をへだてた遠方であり人の心も愚蒙《ぐもう》である。昔から未だ聖人が生まれたこともなく、生まれながらの知者もいない。いわんや仏道修行の真実の人間は稀である。道心を持ち合わせない人達に道心を教えるときは、忠告が却って耳ざわりとなることになり、自分のことは棚にあげて他人をうらむこととなる。これは例外ないことだが、菩提心の実行と念願に当っては、その菩提心を発しているとかいないとか、坐禅を実行しているとかいないとかを、世の人々に知られようなどと思う心があってはならない。むしろ人々に知られないようにつとめるべきである。まして自分から宣伝することなどすべきではない。今日の人は真実の仏道を求めることが甚だ稀であるから、身に坐禅の実行もなく心に悟りの体験がなくても、他人が自分をほめてくれて、あの人は実行と学解が一致している人であるといってくれるのを求めているようである。このような人を、迷いの中でさらに迷いを重ねる人間というのである。このような邪念はすみやかに投げ打って捨て去るべきである。仏道を学ぶとき容易に見聞できないのは、仏法を学ぶ心構えである。その心術は仏から仏へ、祖師から祖師へと正伝してきたものであって、これを仏光《ぶっこう》明《みょう》とも仏心とも称して必ず相伝してきたものである。

ところが釈迦如来のご在世から今日に至るまで、名誉と利益を求めることを仏道修行の心掛けとするような人々が多かった。ところがそのような人達が正師の教えに会って、その考えをひるがえして正法を求めたからこそ、おのずから仏道を手にすることができたのである。今参禅学道の者には、次のような病弊があることを知るべきである。即ち初心勉学の者でも久参修行の者でも、幸いに伝道授業の機会を得ることもあれば不幸にしてその機会を得ないこともあるが、いずれも古聖先徳のあとを慕って仏道をならう人もあるし、仏道の悪口をいって仏道を習わない人もある。この両者とも特に愛すべきともうらむべきともいえない。訕謗する（そしる）者がどうしてそれを憂えないのか、また恨み事と思わないのか。それは貪瞋痴《とんじんち》の三毒が自己を陥れる三毒とわかっている人が殆どいないから別に恨みとも思わないのである。

ましていわんや仏道を初めて喜び求めたときの志を忘れてはならない。初めて発心したときは、他人のために法を求めたのではない。名誉欲も財欲も投げ捨てて、決して名利を求めるのではなく、ただひたすら仏道を得ようと志を立てたはずである。いまだかつて国王大臣の尊敬や供養を期待したことはなかったはずである。しかるに今このとおりの因縁があって、本来の期待と異なり、自らが当初求めたものでない人天の恭敬供養といった束縛にかかわることは、まことに本意ではなかったものである。しかるにおろかな人達は、たとえ初めは道心があったとしても、早々にその本来の志を忘れて、誤って人天の供養を期待するようになり、その供養を得ると、仏法の功徳が到ったと喜んでしまう。国王や大臣がしきりに帰依するようになると、わが仏道は現成したものと思ってしまう。これは学仏道の第一の魔事である。国王大臣をあわれむこころを忘れてはならないが、そのことを喜ぶことがあってはならない。

釈尊もいっているではないか。すなわち、

「如来に対してさえなお怨む者や嫉《ねた》む者が多い」

の金言があることを。愚者が賢人の心を知らず、小畜のような者が大聖人をあだのように思うことのわけは、以上のような次第である。インドにおいても、祖師の多くが、外道・二乗・国王の謀議で殺害された例もある。これは外道がすぐれていたわけでも、祖師方に遠謀深慮が欠けていたわけでもない。

初祖達磨大師がインドから西来して嵩山《すうざん》の少林寺に留まられたが、その真価は梁《りょう》の武帝《ぶてい》も魏《ぎ》の国王も知らなかった。時に二人の犬畜生《いぬちくしょう》がいた。即ち菩提流支《ぼだいるし》三蔵《さんぞう》と光統律師《こうずりっし》である。自分達の虚名《きょめい》やよこしまな利益が、達磨大師のような正しい人にふさがれるのを恐れて、仰ぎ見る天の太陽の光をくらまそうとするような無謀なたくらみを立てた。釈尊在世中の提婆達多《だいばだった》よりもはなはだしい行為である。あわれなるかな汝が深く愛する名利《みょうり》は、祖師方はこれを糞穢《ふんえ》よりもいとうものである。このようなことが起《おこ》った理由は、仏法の力量が不十分で完全でなかったわけではない。善良な人にほえかかる犬がいるのと同じである。そのほえる犬を思いわずらう必要はない。またうらむこともない。教え導くことを発願すべきである。即ち、

「汝は是れ畜生なりとも菩提心を発すべし」

と唱えるのである。先哲もいっている。これはこれ人面をかぶった畜生であると。しかしまた仏法に帰依し供養する魔類もあるので、注意すべきである。

前仏の言葉として、国王・王子・大臣・政府の長官・婆羅門・天下の名士に対しては、仏道を修行する人は近づかないのが、忘れてはならない行儀《ぎょうぎ》である。初学の菩薩達は仏道修行の功徳が進むに従って、前記の功徳が重なって来るものである。また昔から天帝釈が

来て修行者の志や気概を試したり、あるいは悪魔が現われて修行者の修行を妨げることがある。これらは名利の気持が未だなくなっていない時に起こるものである。大慈大悲の心が深く広くもろもろの衆生を救おうという願いが大きな人には、このような障害は起らない。仏道修行の力量が増大してくると、自ら土地を得たりこの世の運が達せられたように思われることがあるが、このような時こそ自分に名利の念がないかどうか、法のためによいことかどうかを弁別すべきである。土地を得たり世運が達せられることに目がくらんではならない。愚者はこれを喜ぶが、それはおろかな犬が古い骨をなめるようなものである。聖人賢者はこれをいとう。ちょうど世人が糞穢をいやがりおそれるようなものである。すべて、初心者の頭で考えても仏道をはかり知ることはできない。あて推量してみてもあたるものではない。しかし初心者にわからないからといって、仏道を究尽することができないわけではない。徹底した仏道の堂奥は、初心者の浅い知識の及ぶところではないので、ただ先聖古徳の踏まれた道をそのとおりたどって実践していきさえすればよいのである。

　この段階が来て、さて師匠を尋ね道を求めようとするときは、高い山にも登り遠く海を渡ることとなる。正しい導師を尋ね真剣に善知識に相見しようと願うならば、天から降下されることもあり地から湧いて出られることもある。学人を接化するとき、有情に法を説かせる場合もあり、無常に物を言わせる場合もある。身でも聞き心でも聞くこともある。

耳をもって聞くのは日常茶飯のことであるが、眼で声を聞いて始めて真実を悟るが、その悟りも本当のところ必ずしも必要というわけではない。仏を見るというのはまず即心即仏《そくしんそくぶつ》（自仏）を知ることであり、そうすれば一切が仏（他仏）であることもわかる。また悟って仏となったといっても釈尊のような大仏も我々の見性体験のような小仏もあるが、大仏だからといって驚き恐れることはない。また発心したばかりの小僧の仏でも、あやしんだり苦にしたりしてはならない。（凡夫も必ず仏となる身であるから）

さていわゆる大仏小仏をいましばらく山色谿声と認めると、この仏に広長舌の大説法があり、八万四千の偈が現われる。東坡《とうば》居士がこの事実をはるかに超えた形で挙示したのは、居士の悟道の徹し方が余人を超えた独抜《どくばつ》なものであったからである。この故に俗人も、

「これを仰げばいよいよ高く、これを鑽《き》ればいよいよ堅し」

といい、また先仏も、

「天にあまねき地にみちみちている」

といっておられる。春を迎えた松の葉が緑を変えないように蘇東坡の悟りの境地は微動だにしない、また秋菊が霜に耐えて馥郁《ふくいく》たるように蘇東坡の境涯は超俗の香りがある。これは東坡居士の体験が純粋無垢の即是だからである。善知識がこの境涯に至れば必ず人間界天上界の大導師となる。ところが未だこの即是の境地に至っていないままでみだりに人の

ために法を説くようなまねごとをするならば、それは人天の大賊（大泥棒）である。春松も知らず秋菊もみたこともない無眼子《むがんす》には法を説く材料がない。どうして人々の迷いの根源をぶち切ることができようか。また身も心も怠け者で正法を信じられない無眼子の者は、まず心の底からまごころこめて仏様の前で懺悔すべきである。そうすれば仏前での懺悔の功徳力が自分を救って清浄にしてくれる。この功徳が何ものにも妨げられない浄らかな信念と怠け心に負けない精進の心を生ぜしめ長ぜしめてくれる。この無礙《むげ》の浄信と精進が一たび現ずると、自分の心も環境も等しく方向転換ができ、その功徳利益はあまねく一切の有情非情に好影響を与えることとなる。その懺悔の方法は、

「願わくば、われたとい過去の悪業おおくかさなりて、障道の因縁ありとも、仏道によりて得道《とくどう》せりし諸仏諸祖、われをあわれみて、業累《ごうるい》を解脱せしめ、学道さわりなからしめ、その功徳法門、あまねく無尽法界に充満弥綸せらん。あわれみをわれに分布すべし」（心よりお願い申し上げます。我々は無限の過去より悪業を多く重ねてきたために、仏道を学ぶ障害の因縁がありますが、仏道修行により道を成就された諸仏諸祖方よ、どうぞ私をあわれんで悪業のわざわいから解脱させて下さい。そして仏道修行の障りをなくして下さい。さらに諸仏諸祖が積まれた広大な功徳、学ばれた無量の法門が無限の世界に充満し満ちあふれておりますが、その大慈大悲を私にも分かち与えて下さい）

仏祖も昔は我々と同様の凡夫であった。我々も今は凡夫であるがやがて仏祖となるべき身である。仏祖を仰ぎ見て帰依し我を忘れた時直ちに一仏祖となる。菩提心を発してそれを何度も思い起こすことが、真の一発心となる。仏祖方のあわれみが七通八達と自由自在に行なわれ、それを我々が自由自在に受け用いる様は、大悟徹底の体験を得ること（得便《とくべん》宜《ぎ》）とその悟りをすっかりお掃除すること（落便宜《らくべんぎ》）により大解脱の人となることである。

この故に龍牙《りゅうげ》和尚もいっている。

「未だ悟り了っていないならば今直ちに悟らねばならない。過去の過去世から今日に至るまで生々世々迷いを重ねてきた我が身を救わねばならない。先輩の仏達も未だ悟らない時は今の我々と同じ迷いの凡夫であった。従って今の人も悟り了れば古仏と寸分違わなくなる」と。

静かにこの偈文の因縁精神を参究すべきである。この参究により、自己本来の仏を証し納得することができる。このように心から懺悔すれば必ず仏祖の助けを受けることができる。心で懺悔し身体で懺悔を現わし言葉で懺悔の文を唱えて仏さまに申し上げるべきである。この身口意《しんくい》一体の発願懺悔《ほつがんさんげ》の力が我々の罪業の根本を消滅させることができるのである。これこそ純一無雑の正しい仏道修行であり、正しい信心であり、正しい信身である。この純一無雑の正しい仏道修行をすると、谿声も山色もともに八万四千偈を惜しまずに我々に聞かせてくれる。即ち我々を悟らせてくれる。我々が名利の念を惜しまずに捨て、身心を惜しまずに法を求めれば、谿山もまた我々のために法を惜しまずに示してくれる。たとい谿声山色それが八万四千偈となって現成して我々を大悟徹底せしめ、その大悟の体験が日常の生活にとけ込んで現成のあともなくなってしまう。そのプロセスは全く真暗闇《まっくらやみ》で我々の心識に及ぶところではない。もしその谿声山色《けいせいさんしょく》を自らのものとして人にも示し自分も自由に使える力量が不十分ならば誰か汝（蘇東坡）をして谿声山色を見聞した者と許すことができよう。

そのとき、延応二年（一二四〇）結制後五日、観音導利興聖宝林寺において衆に示す。

以上が「谿声山色の巻」であるが、この巻では有名な東坡《とうば》居士・香厳智閑《きょうげんしかん》禅師・霊雲志勤《れいうんしごん》禅師の大悟の体験の具体例を述べ、これらの先哲は、いずれも強烈な求法の志を立てた人々であることを強調されている。同時に我々も真剣になって法を求めれば、これ等の先哲と同様の体験が得られることを示されている。

ところが道元禅師が当時の日本の実状を見ると、本気で仏法を求める人は稀であり、たまに居ても名利の手段とする者のみが多いと慨歎されておられる。従って急いで菩提心を発願すべきであり、その方法は正法に出会ったら世俗の法を捨てて受持するよう決意し、その目標は釈尊と同じ悟りを開いて必ず仏道を成ずることであり、その為には名利を求める心を捨てて、先徳の踏み行なった道を実践することに尽きるといわれる。そして心の底から仏祖に懺悔せよと言及して、その懺悔の具体的方法を示しておられる。

何時の世も正法を求める大器は少ないが、この人達が居なくなれば、この世界は完全に暗黒となってしまう。今こそ真の求道の士が希求される。

四、有時の巻

道元禅師は四十一歳の冬の初めに入ると、その大悟の体験から迸り出た時間論である「有時の巻」を選述されている。大悟の体験が無い者にとっては、殆んど理解の埒外《らちがい》にある巻であるが敢えてチャレンジしてみることとする。

古仏《こぶつ》（第三十六祖弘道大師《こうどうだいし》薬山惟儼禅師《やくさんいげんぜんじ》）言わく、「ある時は悟りの頂上に立つこともある。ある時は衆生済度の泥をかぶる。ある時は不動明王の憤怒の様をなし、ある時は仏の慈悲を示現する。ある時は拄杖となり払子となり、ある時は柱となり灯籠となる。ある時は三郎となり四郎となり、ある時は大地虚空《だいちこくう》となって現われる」と。（以上は有時《うじ》の千変万化であるが）その有時というのは、時が既に存在《そんざい》そのものであり、存在するものはすべて時《とき》であるということである。お釈迦さまも時である。時であるからお釈迦さまのお蔭で過去も現在も未来も光り輝いている。（だがお釈迦さまばかりではない）今の我々の十二時もこのとおりと習学すべきである。不動明王《ふどうみょうおう》も時である。時であるがゆえに今の我々の十二時と何ら変りはない。（我々もカッーと怒った時直ちに修羅道が現われる）時間の長短ということは、我々は本当にはわかっていないけれども、一般に十二時といっている。時間が去来する跡（一年二年とか春夏秋冬）は一応明らかであるので、人々はこれを疑わない。疑わないけれども、時が何であるかは本当のことを知っているわけではない。人々はもともと自分の知らないいろいろの物事を疑うのにぐらぐらして一定ではないから、前に疑ったことが必ずしも現在の疑いと合致するということにはならない。その時その時の疑いの時があるだけで、時以外の何ものでもない。

　全宇宙とは自分をならべてそれを自分で眺めている。すなわち全宇宙われ一人というのが事実である。この宇宙の一つ一つの物（われ）は時であるということを見破るべきである。一つ一つのものが衝突しないのは、時と時とが衝突しないからである。（全宇宙われっきりというのが事実であるから）一人が発心《ほっしん》すれば全宇宙が発心する。一人が菩提心を発すれば全宇宙が発《ほつ》菩《ぼ》提心《だいしん》となる。修行も成道も全くこれと同様である。自分を並べてそれを自分で見ているのが全宇宙である。（その一つ一つが時であるから）自分自身が時であるという道理は当り前ということになる。このようなわけであるから、全宇宙に万象百草《ばんぞうひゃくそう》があるのは当然であるが、その一つ一つの草や木が全宇宙そのものである事実を参学しなければならない。このように参学することは仏道修行の第一歩である。このような境地に到ったときは、宇宙はただ一草一木のみと会象《えぞう》（理解）することができ、さらに進んでその境地が生活の中にとけてしまうと、悟りらしきものがなくなって不会象不会草《ふえぞうふえそう》という境地になる。まさにこの通りの時しかないのが事実であるから、どの時もみな時を尽してその外の時はない。宇宙の全存在のすべては時であり、その時その時が誰もが全宇宙を尽している存在である。皆の衆よ。しばらくでよいから、いまの時にもれた存在や世界があるかどうかと参究してみなさい。（そんなものはないというのが事実）

しかしながら仏法を学んだことがない凡夫の時節には、すべての見解はどうであるかというと、有時《うじ》の言葉を聞いて思うのは、ある時は不動明王《ふどうみょうおう》となった。ある時は丈六八《じょうろくはっ》尺《しゃく》の仏となったと思う。たとえば河を過ぎ山を越えてきたが、今はどうかというと、その山河はあるとしても、それを自分は通りすぎて今は立派な玉殿朱楼《ぎょくでんしゅろう》に住んでいるので、通り過ぎた山河と今のわれとは天と地ほど違うものだとばかり思っている。しかしながら（仏法からみると）この道理だけではない、別の道理がある。それは、山にのぼり河をわたった時にわれが居た。われは時であるから、われが居る以上、時は去ることはない。時には本来去来《ほんらいきょらい》の相《そう》がない。従って上山《じょうざん》の時は有時《うじ》（真の自己）の即今《そっこん》ばかりである。しかしもし時に去来の相があるとしても、有時《うじ》の而今《にこん》（山に上った有時、玉殿朱楼に住む有時）があるのみで、これまた有時の事実である。かの上山渡河《じょうざんとか》の血みどろの修行時代がすでに今日の玉殿朱楼《ぎょくでんしゅろう》に住む太平無事の時を呑み込んでいたのであり、だからこそ今日の太平無事の時を吐き出しているのである。逆に太平無事の境界は、かつての血みどろの修行の時を呑み込みかつ吐き出しているのである。不動明王の形相で修行したのは昨日の時である。見性成仏したのは今日の時である。しかしその昨今の道理は、ちょうど山の中に直入《じきにゅう》して千山万山の頂に立った境地を味わうように、ただ即今の事実が現成しているだけであって、時が過ぎ去ったわけではない。不動明王の奮斗努力も有時が一貫して経過しただけであって、はるか彼方《かなた》の過去のように思われるが、即今ただ今の事実に現成している。見性成仏の体験も有時の事実が一貫して経過しただけであって、かしこにあるように思われるが、即今ただ今の事実に現われている。

従って松も時であり、竹も時である。時は飛び去るものとのみ理解してはならない。飛び去るのが時の特長とばかり思ってはならない。時がもし飛び去るだけならば、飛んでいった後にすき間ができてしまうではないか。有時《うじ》の事実を説く説法が聞こえないのは、時が単に過ぎ去るものとばかり思っているからである。

以上は要するに全宇宙に存在する森羅万象は、一つ一つがそのまま時である。存在と時は一つの事実＝有時であり、その一つ一つの存在はわれであるから吾有時《ごうじ》が真の事実である。有時には経過し変化し転移していく功徳がある。その有様は、今日の修行が明日の得道に経歴《けいれき》する。今日の境涯は昨日の修行に経歴する。昨日の修練が今日のより深い修練に経歴する。今日の猛修行は猛修行のみと経歴する。明日の成仏は成仏のみと経歴している。以上のように経歴が自由自在に輪転するのは時の功徳によるもので、古今の時は重なることはない。また並び積もることもない。（何時でも何処でも一時が一切時を呑み込みかつ吐き出している）青原《せいげん》和尚も時として現われ、黄檗《おうばく》禅師も時として出現し、江西《こうぜい》の馬大師《ばだいし》も石頭希遷《せきとうきせん》禅師もみな時の功徳が成就して出現された。自分も他人もすでに時であり、修行も証悟も時の功徳であり、入泥入水《にゅうでいにゅうすい》して泥をかぶって衆生済度するのもみなこれ時の現成である。

今実在する凡夫の見解及びその見解が生ずる諸々の因縁は、みな凡夫の目にうつり心に生じたものであるが、決して凡夫の妄法《もうほう》があって生じたものではない。それは仏法がしばらく凡夫を因縁としてでてきたものにすぎない。この時この有（存在）は仏法ではないと思うので、丈六の金身の仏は自分ではないと認識するのである。自分は仏ではないと逃げようとする。それもまた有時（本来の自己）の片々である。臨済大師は衆に示して、「一無位の真人あり、常に汝等諸人の面前より出入す。未証拠《みしょうこ》の者は看よ看よ」といわれた。我々は実は何人もこの一無位《いちむい》の真人である。わからなければ、実参実究してこの真人を看よ看よ！　ということになる。

いま世の中には、うまの時間ひつじの時間と並んでいるが、午《うま》の時は午の時、羊《ひつじ》の時は羊の時とそれぞれ法位に住して誤りがない。動物の馬や羊も野原に群をなしながら、それぞれの法位に安住している。子《ね》の時と同様、ねずみも時である。寅《とら》の時と同様虎も時である。衆生も時で宇宙をつくし、仏も時で絶対価値を持っている。すべてが住法位《じゅうほうい》の時、凡夫は凡夫で全宇宙を呑尽《どんじん》して仏はどこにもいないことを証し、仏は仏で全宇宙を呑尽《どんじん》して衆生は一人もいないことを証明している。全宇宙の一つ一つが全宇宙を究め尽したとき、これを究尽という。（全宇宙われ一人と究尽）

仏が本来の仏に帰る過程は、発心し修行し菩提を証しその菩提をわが身に消化して涅槃に到って始めて現成する。それがすなわち、本来の有（存在）であり時である。すべての時がすべての存在と全く一つと究尽するのが仏道であって、その外に仏道はない。

剰法というものは本来無いが剰法があるように見える。すなわち尽時を尽有と究尽できない中途半端な究尽《ぐうじん》（半究尽《はんぐうじん》）であるが、それもそのまま有時《うじ》（本来の自己）であり、半人足の修行者もそのまま究尽（絶対価値）である。たとえ完全に失敗したと見える段階もそのまま有の完全な姿である。さらに本来の法のままにまかせて参究すれば（即ち本分上から見れば）失敗や思い違いが現成するその前後も含めて有時（本来の自己）の住み家である。自己本来の面目の活溌々な活動であり、これこそ有時（本来の自己）である。それをすべての存在は無だとうろたえ強弁したり、有であると強弁しうろたえることをしてはならない。

　時はただ一方的に過ぎ去るものとのみ思って、時は未だかつて到来したことも過ぎ去ったこともないことを理解し会得する者がいない。「時は未到《みとう》なり不動《ふどう》なりと解会《げえ》するのもしないのも」時であるが、その時が解会にひかれる因縁はない。（誰がどう解会しても時は関係ない）その時が去来するとばかり認めて、その時が法位に住して絶対《ぜったい》不動《ふどう》の有時であると大悟徹見する大人物がいない。いわんや動・不動の関門を透過する時があろうか。（またそのような人物がいようか）たとえ法位に住した絶対不動の有時であると認めて、その通り手に入れて保持護任しても、それをはっきり道破する者がいるだろうか。たとえその通り道破することができて久しいとしても、まだまだ本来の面目が現前している事実を手探りするのに精一杯ではないか。だから凡夫の凡情で理解する有時に一任しておくならば、菩提涅槃という仏道の極地も、わずかに時は去来するという表面の姿にとらわれた有時になってしまう。

何ものも妨げることができないのは有時現成《うじげんじょう》の事実である。右を向いても現成しており左を向いても実現している。天上界の天王も大衆もすべて吾有時《ごうじ》の全現成である。しかもそれは即今《そっこん》の事実《じじつ》である。その他の世界にいる水中や地中に存在する大衆も皆吾有時《ごうじ》を現成している。さらには冥界顕界《めいかいけんかい》にいるすべての存在も、有時の尽力現成でありわれの全現成である。これが力を尽しての経歴《けいれき》である。われがいま力を尽して生き抜くことがなければ一法も一物も決して現成することはない。また経歴することはないと参学すべきである。

経歴《けいれき》というと、あたかも風や雨が東から西に通りすぎるように、時が過ぎていくと思ってはならない。全宇宙は動かぬものではない。進歩もあれば退歩もある。それが経歴である。経歴というのは、ちょうど春のようなものである。春が来ると梅が咲き菜の花が咲くというように、様々な様子が現われるが、それを経歴という。何か特別に物があって経歴するのではない。その経歴する姿を春と名付けるだけと参学すべきである。従って春が経歴するというのは、必ず春を経歴することとなる。経歴することが春というのではないが、春には春を経歴するので、春は春の道を春の時に成道するということになる。このことをよくよく審細に参学すべきである。経歴のことをいうのに、経歴される境は自分の外にあり、自分はこちらにあって百千世界を過ぎ、百千劫の長年月を経て仏道を成就すると思うのは、仏道参学の一面にすぎない。仏道の参学は単にそれだけではないと心得ねばならない。

第三十七祖薬山惟儼《やくさんいげん》禅師は、石頭希遷《せきとうきせん》禅師の指示によって江西《こうぜい》の馬大師《ばだいし》に参問した。

「三乗（声聞・縁覚・菩薩の三乗）及び十二分経（仏教教理）は、私はほぼ存じております。正伝の禅をお教え下さい」

この問いに対し大寂禅師《だいじゃくぜんじ》（馬大師）曰く、

「ある時はあいつ（本来の自己）に眉を動かし目をパチパチさせる。ある時はあいつに眉を動かしまばたきさせない。ある時は揚眉瞬目《ようびしゅんもく》させるものはすべてよい。ある時は揚眉瞬目させるものすべては駄目となる」と。

薬山はこれを聞いた途端大悟し馬祖にいう。

「私はかつて石頭の下で教示を受けた時は、全く歯が立ちませんでした」と。

馬大師の示された言葉は、他とは違って抜群である。眉毛《びもう》は山、目は海の如しである。それは全宇宙が眉毛や目だからである。あいつに眉を動かせると山が動く（高々たる峰頂に立つ＝脱体現成《だったいげんじょう》）。あいつに目をパチパチさせると一面が海となる（深々たる海底を行く＝無一物《むいちもつ》）。是《これ》と伊《かれ》とは親しい関係がある。伊は伊の教え（揚眉瞬目せよ）にすなおに従う。

不是と不教伊は無一物だから不存在で関係のしようがない、無関係である。関係するものも無関係のものも共に有時（本来の自己）に変りはない。山も時である。海も時である。時でない山海はあり得ない。即今ただ今の山海は時ではないとはいえない。だが時がもしなくなれば山海も直ちになくなる。時がこわれないということは山海もこわれないということである。この壊《え》にして不壊《ふえ》、不壊にして壊という道理により明星が現われ、釈尊が一見して開発悟道された。その悟道の眼睛が出現して拈華瞬目となり、その結果摩訶迦葉に法が付嘱された。これ時の功徳であり、この時の功徳がなければ不可能である。

葉県《せっけん》の帰省《きしょう》禅師は、臨済の法孫であり首山《しゅざん》和尚の法嗣《はっす》である。あるとき大衆に室内の様子について次のように示した。

「ある時は精神は見えても表現が不完全の時がある。ある時は表現は完全でも精神が見えていない。ある時は精神も表現も完全の場合。ある時は精神も表現も不完全の場合がある」

以上は修行上の心得であるが、本分上から見ると、意句《いく》ともに有時《うじ》（本来の自己）であり到不到《とうふとう》ともに有時《うじ》（本来の自己）である。意句が到らなくても、その意句が到らないままで有時（本来の自己）が来ている。意は驢（事実）であり、句は馬（事実）である。馬（事実）が句となり、驢（事実）が意となっただけである。到が向こうからやって来たわけではないし、不到がやってこなかったわけではない。有時（本来の自己）は次のようにはっきりしている。すなわち到の時は到っきりで不到は関係ない。不到のときは不到きりで到は関係ない。意は意のみで他物はない。句は句のみで句の外にはない。礙の時は礙のみで世界を尽くしている。礙の外に残るものは何もない。これが時の本質である。一般に礙は他の法に使われ妨げられることをいうけれども、仏法の立場からすると、他の法を妨げたり他の法に妨げられるような対立の世界はどこにもない。

人がやって来ると「誰さん」と呼ぶ。「俺だよ」と呼びかけて「よく来たなあ」という。これらの言葉は時を得なければこうはならない。意は仏道の丸出しであり、句は真実の仏法の活きた働きであり、到はそのまま迷悟を脱した事実丸出しの時であり、不到はそのものそれをずばりと示した時である。このとおり弁肯《べんこう》すべきである。それが有時そのものである。

以上のとおり、馬祖及び帰省《きせい》禅師の二尊宿が仰せになったけれども、さらに別に説くところがあってもよい。すなわち意句が半分できたのも有時であり、意句が半分できなかったのも有時である。このような参究があってもよい。またあいつに眉をあげ眼をパチパチさせるのは有時を超えている（半有時）。あいつに眉をあげ目をパチパチさせるのは有時だというのも錯りである（錯有時）。あいつに眉をあげ眼をパチパチさせないのも有時を超えている（半有時）。あいつに眉をあげ眼をパチパチさせないのが有時というのも錯りである（錯有時）。このように参じ来り参じ去って、到ったかと思うと未だ到らずと反省してどこまでも進んでいく。これこそ真の有時（真の自己）の時である。

仁治元年（一二四〇）冬のはじめの日、興聖宝林寺にて書く。

以上が「有時《うじ》の巻」の訳文である。有時《うじ》の有《う》は存在のこと時《じ》は時《とき》を意味する。有時とは時がすでに存在すること、存在するものはすべて時であるということである。即ち存在と時とは一つのものであり、釈尊をはじめすべての仏祖方は時そのものである。

その時は、一般には昨日から今日、今日から明日へと飛来するものと思われているが、実は一時は一切時を含んだもので、存在と一つとなって経歴《けいれき》するのみであるというのが真実である。また全宇宙に排列している存在は、すべて自分自身であり、全宇宙はわれただ一人のみというのが事実である。この事実を吾有時《ごうじ》といい、この吾有時《ごうじ》が経歴《けいれき》するだけである。経歴というと時が過ぎ去るものと思い勝ちであるが、時は未だかつて到来したことも過ぎ去ったこともない。それは有時は一瞬一瞬の事実のことをいうからである。凡夫も仏も実は即今即今、全宇宙一人きりで究尽《ぐうじん》している。

これは道元禅師が身心脱落底の大悟の中味を露呈されたもので、この有時の巻を真に理解するためには、自ら実参実究して、この事実を体験する以外には不可能である。

仏法を知らない普通の人は、ある時は不動明王のような奮斗努力の修行をしたが、今は天下太平の境地で玉殿朱楼にいるのは全く違った時と認識する。しかし仏法の立場は、時は一切時を含んだ絶対時と見るので、不動明王の奮斗努力の時も有時（本来の自己）、玉殿朱楼に住む時も有時（本来の自己）の即今ただ今の事実のみと認識する。このように理解できないのは、存在と時は一つの事実（有時）であり、その一つ一つがわれである吾有時《ごうじ》が経歴するだけということがわからないからである。宇宙いっぱいのわれが経歴することを時という。この時の功徳により、青原和尚も江西《こうぜい》の馬大師も石頭希遷禅師はじめ歴代の祖師方が出現された。我々自身の修行も証悟も衆生済度もみな時の現成である。

五、仏性の巻

次に道元禅師四十二歳に入り選述した「仏性の巻」は、道元禅師の明晰な頭脳を総動員して、あらゆる角度から仏性を論じた巻といえる。古来「正法眼蔵」は「弁（弁道話）・現（現成公案）・仏（仏性）」の各巻に代表されるといわれるゆえんであろう。この巻は非常に長いので、途中で私の見解（私解）を挿入しながら参究することとしたい。

釈迦牟尼仏《しゃかむにぶつ》言《いわく》「一切衆生《いっさいしゅじょう》、悉有仏性《しつうぶっしょう》、如来常住《にょらいじょうじゅう》、無有変易《むうへんやく》」。このお言葉は、我等の大師である釈尊が獅子吼《ししく》された大説法であるが、さらに一切諸仏諸祖の真髄であり中心眼目である。釈尊以後代々仏法を参学し続けてすでに二一九〇年（日本の仁治二年―一二四二）、正法を受け継いできた嫡子は、わずかに五十代（先師天童如浄禅師に至る）、インドでは二十八代が代々住持してきており、さらに中国では二十三世が世々受け継いできた。さらには十方の仏祖方が共に正法を住持してきた。

世尊のいわれる「一切衆生悉有仏性《いっさいしゅじょうしつうぶっしょう》」は、どういう宗旨であろうか。それは六祖大師に南嶽懐譲《なんがくえじょう》禅師が初めて相見した時、六祖大師がいわれた「是れ什麼物《なにもの》か恁麼来《いんもにきたる》」の説法と同じである。ある時は衆生といいある時は有情《うじょう》または群生《ぐんじょう》・群類《ぐんるい》と呼ぶが、その悉《しっ》有《う》とは衆生のこと群有《ぐんう》のことである。すなわち悉有《しつう》は仏性《ぶっしょう》なりということである。悉有きりという事実を衆生という。まさにこのとき、衆生の内《うち》も外《そと》も（心も身体も）悉く仏性のみという事実となる。この事実を達磨大師から単伝した道副《どうふく》（皮）道育《どういく》（肉）尼総持《にそうじ》（骨）慧可《えか》（髄）だけではない。お前さんもこの事実の人である。よくよく知らねばならない。いま悉く仏性だけという有《う》（すべての存在）は、有る無しの有ではない。悉有《しつう》は仏の言葉であり、説法であり、仏祖の境涯であり、真実の僧の鼻孔《びくう》である。悉有《しつう》の語は始めて現われた存在ではない。本《もと》からずっとある存在でもない。また有とか無とも片付けられない不思議な存在というのでもない。いわんや因縁によって現われた存在とか幻のような存在とか、また主観・客観・本質・現象とかと説明される存在とは一切関係はない。従って衆生悉有《しゅじょうしつう》が生息する世界（依報《えほう》）もその生物自体（正報《しょうぼう》）も業力《ごうりき》によって増長するものでもなければ、妄有縁有《もううえんう》の縁起によって生ずるものでもない。また自然にそうなったもの（法爾《ほうに》）でもないし神通力や修行や証りによってわかるというものでもない。もし衆生の悉有《しつう》が業力や因縁や法爾《ほうに》によって現われるものであるならば、仏祖方が仏道を証することも、諸仏の境界も仏祖方の悟りの眼も、すべて業力や因縁や法爾によるものとなるであろう。全宇宙はそのものそれであって客観界などはどこにもない。一つきりで誰もいない。このように迷いの根源《こんげん》はとっくに切れているのに、誰もその事実に気がつかないで、忙忙《ぼうぼう》たる業力《ごうりき》に引きづられていく我々の惑業《わくごう》は休むことがない。（だが実はそのまま仏性の丸出しである）全宇宙はこのような虚妄《こもう》の縁起《えんぎ》による存在ではない。なぜなら全宇宙は何もかくすことなくこのとおり事実が現われているからである。全宇宙何もかくしていないということは、（我々が常識で考えるように）全宇宙という容器の中にいろいろな物が因縁によって現われている存在だというのではない。また全宇宙は悉く吾が所有《しょう》であるという外道の邪見でもない。また本《もと》から存在しているというものでもない。なぜなら事実には古今《ここん》という区分がないからである。あるいはまた始めて現われたという存在でもない。それは一かけらもつけ加えられたものがないからである。あるいはまた一つ一つ分かれた存在でもない。それは全体が一つの存在であるからである。また始めなき存在でもない。なぜなら事実は始めがある無しを認識する以前からこのとおり現われているものであるからである。それではある時始めて現われてずっと存在しているのかというとそうではない。何時もこのとおり平常の生活の中に現われているからである。よく知るべきは悉有《しつう》と衆生とは別々ではないので決して出合うことはないということである。このように悉有《しつう》を会得すれば悉有という観念もなくなって、そのものそれの事実の人となる。

　仏性という言葉を聞いて多くの参禅者は、我々の肉体の中に霊魂という我体があり、それが肉体を取り代えながら生死輪廻を繰り返すという先尼外道《せんにげどう》の見解（心常相滅《しんじょうそうめつ》の見）が正しいものと誤まる。それは正しい指導者に会わず本来の自己を大悟していないからである。すなわち正師《しょうし》に会う機会がなかったために、いたずらに地水火風の四大合成《しだいごうじょう》の動き回る心意識の作用が、すなわち仏性の覚知《かくち》覚了《かくりょう》と思い込むためである。仏性に覚知覚了があると誰がいっているか。仏性を覚了した者を諸仏というが、仏性は覚知とは全く関係ない。諸仏のことを覚者智者と呼ぶこともあるが、それは我々凡夫が邪解《じゃげ》する覚知《かくち》すなわち地水火風の動きを覚知する作用のことではない。どっちを向いても仏祖（仏性）のみという覚知をいう。昔から古老先徳といわれる人達があるいはインドに行ってきたりあるいは人間界天上界を化導したりして、漢唐の時代から宋朝に至るまで、稲麻竹葦《とうまちくい》のように多く出現されたがその多くがこの霊肉の作用を仏性の知覚と思っているようである。まことにあわれなことである。それは参学の疎略から来た失敗であり誤りである。我々は仏道を学ぶ晩学初心の者ではあるがこのように考えてはならない。たとえ覚知《かくち》を学んでも（覚知は覚知のみ）で風火《ふうか》の動著《どうじゃく》ではない。風火の動著を学ぶ時は（動著のみ）であって仏性の覚知などというものではない。もし本当に動著を会得することができれば、真実の覚了をも会得することができる。「仏と性とは一つであって、ここもかしこもそればかり」である。仏性《ぶっしょう》は悉有《しつう》であり悉有は仏性だからである。悉有はバラバラのものでも一本棒なものでもない。ちょうどにぎりこぶしを振り上げたように大小を超えている。仏性ばかりというのであるから諸仏諸祖と較べることもできない。にぎりこぶしだけであるから仏性と較べるわけにもいかない。

ある人達はこう考える。すなわち仏性は草木の種子のようなものである。種子が雨のうるおいを得ると芽や茎が出て、やがて枝や葉が繁り実を結ぶ。その実がさらに種子を生み出すと。このような見解は全く凡夫の考えである。たといこのように考えたとしても、種子《しゅし》も華《はな》も実《み》もその一つ一つが悉く仏性であって種子だけが仏性というのではないと参究すべきである。果実の中に種子はある。しかし種子の中には何も見えないが、根や茎や実などを生ずる。そして次第に成長して大きな周囲がある枝や幹となる。これは種子の中にあるとか外にあるとかの論を超えており、古今にわたって否定することのできない事実である。従って凡夫の見解をそのまま許すとしても、根茎枝葉《こんけいしょう》はすべて同生同死《どうしょうどうし》（瞬時に生死を同じくするもの）であり同悉有《どうしつう》なる仏性《ぶっしょう》（仏性の悉有）そのものなのである。

仏言《ほとけいわく》「欲《よく》レ知《ち》二仏性義《ぶっしょうぎ》一、当《とう》レ観《かん》二時節因縁《じせついんねん》一。時節若至《じせつにゃくし》、仏性現前《ぶっしょうげんぜん》」（仏性の真実の意義を知ろうと思ったら、時節因縁の本質を諦観せよ。時節はこのように至っている。仏性は〔このように時節因縁となって〕現前しているぞ）。仏性の本当の意義を知ろうと思う人は、ただ知るだけで終ってはいけない。さらに自分自身が修行して仏性の中味を悟り、人々にその事実を説き、さらには自分自身の生活に完全に同化させて仏性らしい特別なものがなくなるまで忘れ去らねばならない。この説《せつ》・行《ぎょう》・証《しょう》・忘《ぼう》・錯《しゃく》（間違う）も不錯《ふしゃく》（間違わない）もそのまま時節の因縁である。時節の因縁を観ずるというのは、その時その時（時節《じせつ》）の事実（因縁《いんねん》）のみと観ずることである。払子《ほっす》のみ拄杖《しゅじょう》のみと観ずることである。従って有《う》漏智《ろち》（煩悩智《ぼんのうち》）・無漏智《むろち》（悟りの智慧）・本覚《ほんがく》（本質の智）・始覚《しかく》（修行の結果得る智）・無覚《むかく》（悟りを超えた智）・正覚《しょうがく》（正しい悟りの智）等の智を使っては観ずることはできない。当観《とうかん》というのは能観《のうかん》（観ずる我）所観《しょかん》（観ぜられるもの）とは関係ない。正観《しょうかん》（正しい見方）や邪観《じゃかん》（間違った見方）に準ずる余地はない。これが当観《とうかん》（見たとおり見る）である。当観であるから自他の区別はない。時節因縁《じせついんねん》！と丸出しである。その因縁も超えている、仏性のみ！ その仏性も脱体している。仏きり！ 性きり！ である。

時節若至《じせつにゃくし》というのを古今《ここん》の人々は往々次のように考える。すなわち仏性が現われる時節がそのうちにやってくるであろうと思って、その時節を待つことだと思っている。このように思って修行していけば、そのうちに自然に仏性が現前する時節に会う。従って時節が来なければ、いくら参師問法《さんしもんぽう》し弁道工夫《べんどうくふう》しても仏性は現前しないと主張する。このような見解を持ってむなしく世俗の生活にかえり、むなしく天空を眺めて時節の来るのを待っている。このような連中は恐らく天然外道《てんねんげどう》の仲間である。涅槃経《ねはんぎょう》でいう「仏性の義を知らんと欲せば」とあるのは「まさに仏性の義を知るべし」ということであり、「まさに時節因縁を観ずべし」というのは「まさに時節因縁を知るべし」ということである。仏性とは何かというと時節因縁そのものである。「時節若至《じせつにゃくし》」というのは、時節はこのとおり既に至っているということである。何の疑問もないではないか。これ程いってもなお仏性をあるいは時節の至っていることを疑うならば、その仏性を俺に返せ！（このように勝手にしろと突き放して気付かせようとしている）よくよく知るべきは、時節若至《じせつにゃくし》というのは、十二時中仏性の時節ばかりで空しく過す余地はないということである。なぜなら若至《にゃくし》は既至《きし》

（既に至っている）だからである。時節若至《じせつにゃくし》（既至《きし》）だからこれ以上仏性が入り込む余地はないのである。このとおり時節が既に至っているので仏性は現前するほかはない。それはまことに自明の理である。時節既に到来していない時節は未だかつてない。従って仏性が現前していないことがないのは当然である。

　第十二祖馬鳴《めみょう》尊者が第十三祖迦毘摩羅《かびもら》尊者のために仏性海《ぶっしょうかい》について説いて示された。「山河大地《せんがだいち》、皆依《かいえ》建立《こんりゅう》。三昧六通《さんまいろくつう》、由《ゆう》レ茲《じ》発現《ほつげん》」（山河大地は皆仏性の建立、三昧及び六神通はみな仏性の発現）このとおり山河大地は仏性そのものである。皆依《かいえ》建立《こんりゅう》というのは建立がまさにこのとおり仏性ということで、即ち山河大地《せんがだいち》そのものである。建立《こんりゅう》されたもの皆仏性というのが仏性海の姿形《すがたかたち》である。従って仏性は内も外も中間もありはしない。このように山河を見るのは仏性を見ることである。仏性を見るのは驢《ろ》馬《ば》の腮《あぎと》馬の嘴《くちさき》を見るようにはっきりしている。皆依《かいえ》は全依《ぜんえ》であり依全《えぜん》である（それっきりこれっきり）ことを会取しその会取したことも忘れる（不会取《ふえしゅ》）ことである。「三昧六通《さんまいろくつう》、由《ゆう》茲《じ》発現《ほつげん》」というのは、諸々の三昧が発現するのもしないのも共に仏性そのものである。全六神通が茲《ここ》に由《よ》るのも由らないのもみな仏性そのものである。六神通というのは阿含経でいう六神通だけではない。大菩薩の日常生活である前三三《ぜんさんさん》後三三《ごさんさん》という六神通《ろくじんづう》波羅蜜《はらみつ》をいう。このようなわけで六神通を「立つ坐る泣く笑うの百草頭一つ一つが明らかに活きた仏道である」と参究し、これが真の仏道であるなどと余計な観念を持ってはならない。我々は前三三《ぜんさんさん》後三三《ごさんさん》の六神通の真只中《まっただなか》に寸時も離れず滞累《たいるい》しているが、それは郡臣が天子に朝宗《ちょうそう》するように仏性海の中にいやでも応でも帰入して跡かたもなくなってしまっているからである。

●私解　道元禅師はまず涅槃経の釈迦牟尼仏の説法「一切衆生《いっさいしゅじょう》、悉有仏性《しつうぶっしょう》。如来常《にょらいじょう》住《じゅう》、無有変易《むうへんやく》」を引用して、その中で一切衆生悉有仏性《いっさいしゅじょうしつうぶっしょう》の語を一般の人々が「一切の衆生は悉く仏性という種子を備えていて、その種子が修行を続けるうちに、やがて芽を出し茎に生長し枝葉をつけてついには仏様という果実となる」と解釈したり、修行者の多くがこの肉体は生死を繰り返すが霊魂《れいこん》という仏性は不変であるという先尼外道《せんにげどう》の見解を正しいものと思い、我々の心意識の作用の一つ一つが仏性の働きであるという考えを以って真実の仏道だと思う。あるいは仏教教理にくわしい人達は仏性とは業力《ごうりき》や因縁《いんねん》や法爾《ほうに》によって現われるものと信じている。これ等の見解はすべて間違いであると断言されている。それでは何が正しいのか。道元禅師は「一切衆生《いっさいしゅじょう》の悉有《しつう》は仏性《ぶっしょう》なり」と読むべきであると主張している。一切衆生と悉有《しつう》（あらゆる存在）は同義であるから「悉《しつ》有《う》は仏性《ぶっしょう》なり」もっと要約すれば、「悉有《しつう》」のみ「仏性《ぶっしょう》」のみという事実を大悟《だいご》せよと宣言されておられる。このことは、大悟の体験がなければ決して言えない言葉であり、それはとりも直さず道元禅師が如浄禅師のもとで「身心脱落《しんじんだつらく》、脱落身心《だつらくしんじん》」底《てい》の大悟《だいご》を体験した事実を証明している。従って我々もこの「仏性の巻」を本当に理解するためには、真実の坐禅弁道による大悟《だいご》の体験が必須《ひっす》であるし、大悟がない禅はもはや禅ではないことを銘記《めいき》すべきである。

次に同じく涅槃経《ねはんぎょう》より引用した「欲《よく》レ知《ち》二仏性義《ぶっしょうぎ》一、当《とう》レ観《かん》二時節因縁《じせついんねん》一」を拈起して仏性と時節因縁《じせついんねん》との関係を明確に説かれている。即ち時節因縁《じせついんねん》とはその時その時の原因結《げんいんけっ》果《か》の法のままに現われる現象の姿を指すもので前段の「悉有《しつう》」と同義である。道元禅師は前段では「悉有は仏性なり」と述べて仏性のみの世界を示されたが、この段では「仏《ぶっ》性《しょう》は時節因縁《じせついんねん》なり」即ち「仏性は悉有なり」と明示してやはり「仏性」のみの世界を我々に直示している。

さらに道元禅師は第十二祖馬鳴《めみょう》尊者が第十三祖迦毘摩羅《かびもら》尊者を教化した因縁を引いて仏性しかない事実をますます明確に説示している。「悉有は仏性なり」「仏性は悉有なり」では未だ仏性と悉有と二つあるように誤解する者がでる。そこで山河大地《せんがだいち》も三明《さんみょう》六通《ろくつう》も仏性海《ぶっしょうかい》の朝宗《ちょうそう》に罣礙《けいげ》せられて、跡《あと》かたも無くなった事実《じじつ》に気付けと獅子吼《ししく》されている。この「仏性きり」という世界を手に入れたのを大悟《だいご》という。しかし実は、大悟というのも余計なことである。なぜなら「仏性きり」というのは、仏様の世界では常識だからである。

五祖大満《ごそだいまん》禅師は蘄州《きんしゅう》黄梅県《おうばいけん》の人である。父なくして生まれ、童児《どうじ》のうちに道を得ていた。松を栽培する道者《どうじゃ》で初めは蘄州の西山に住んで松を栽えていた。たまたま四祖（道信《どうしん》禅師）が外出するのに出合った。四祖は道者に告げた。「私は仏法をお前に伝えたいと思うが、お前は年を取りすぎている。お前が生まれかわってくるまで、私はお前を待つことにしよう」道者《どうしゃ》は承諾した。ついに周氏の家の娘の胎《はら》をかりて生まれてきた。その娘は生まれてきた子をどぶに捨てた。ところが不思議な力がこの赤ん坊を護り、七日経っても生き続けるのを見て母親は家にひきとって養育した。七歳の少年になった時黄梅山《おうばいさん》の路上で四祖大医道信《だいいどうしん》禅師に出合った。四祖はその少年は未だ小さいが骨相が極めて秀でているのを見て、普通の少年とは違うと見て次のような会話を交した。

四祖「汝何姓《にょかせい》──お前の姓は何か」

少年「姓はありますが通常の姓ではありません」

四祖「なんという姓《せい》か」

少年「仏性《ぶっしょう》です」

四祖「お前には仏性など無いよ」

少年「仏性は空《くう》ですから無《む》といわれるのですね」

四祖はその少年が仏法の器《うつわ》であると思い、侍者《じしゃ》として仕えさせ後《のち》に正法眼蔵を伝えた。のちにその少年は五祖となって、黄梅山に住し、大いに伝法を挙揚した。

さてこの四祖と五祖の問答を参究するに、四祖のいわれた「汝何姓《にょかせい》」には大切な仏法の精神がある。（昔泗州《ししゅう》に僧伽《そうぎゃ》大師という人がいて、西天から来て唐の高宗の頃洛陽《らくよう》に住んでいた）この人は何国《かこく》の人かと問われると何国人《かこくにん》と答え、あなたの姓はと問われると何姓《かせい》と答えたという。四祖が「汝何姓《にょかせい》」といったのは相手の姓を聞いたように思えるが実は仏性を説いたものである。ちょうど吾も「何姓《かせい》」（仏性）汝も亦「何姓《かせい》」（仏性）といったのと同じである。これに対し五祖は答えた。「姓は即有《そくう》であり常姓《じょうせい》ではありません」と。まことに「有即《うそく》」の姓は常姓《じょうせい》ではない。常姓は「即有《そくう》」と呼ぶには不適当である。四祖がいわれた「是何姓《ぜかせい》」というのは、何（性空）が是（因果の姿）と現われ、その外観（是）は内容（性空）を現わしている。それが本当の姓である。何（仏性）を仏性たらしめているのは外観の姿（是）であり、是（外観の姿）を外観の姿たらしめているのは仏性（何）の働きである。仏性は是（コレ）でありアレである。それを蒿湯《こうとう》（よもぎ風呂）として使い、お茶として飲んだりする。このとおり日常の茶飯事が仏性そのものなのである。

五祖が「是仏性《ぜぶっしょう》」といわれた精神は「是れ仏性なり」ということである。何《か》というそのことが仏性である。だが「是れ仏性」とばかり決めこんでいてはいけない。不是の時も仏性そのものである。さてこのとおり是《ぜ》は何《か》であり仏性ではあるが、その仏性をも脱落し透脱し超越しきたるときは必ず普通の姓となって現われる。その姓が五祖の場合は周氏《しゅうし》である。周氏だが元来は仏性だから父やその祖先から伝承したものではない。母方の姓にも似ていない。いわんや傍観者と肩を並べるような姓ではない。

四祖は「汝無仏性《にょむぶっしょう》」といわれたが、その言葉の中の汝《にょ》は誰《だれ》という一人即ち五祖のことをいったのではない。悉有《しつう》のことをいっている。今しばらく五祖一人のことを指したと一任しても、それが無仏性《むぶっしょう》なりと開演《かいえん》している。よく知り学ばねばならない。今はどのような観点で無仏性というのであろうか。仏陀大悟の境界が無仏性か、その悟りをも超えた境涯を無仏性というのか。無仏性は七通八達の事実で宇宙に遍満しているから逼塞《ひっそく》のしようがないし探し求める必要もないということか。無仏性はその時その時の仏性三昧のことだと修習するのか、仏性本具の我々が成仏するのを無仏性というのか、発心修行する時無仏性なのかと問取しその事実を道取すべきである。またその事実を露柱《ろちゅう》にも仏性にも問取せしめ問取すべきである。以上のようなわけで無仏性という仏道は、はるかに四祖の祖室より聞こえてきたものである。その後黄梅県《おうばいけん》の五祖弘忍《こうにん》禅師のところで見聞でき、それが趙州に流通《るづう》し大潙山大円《だいいさんだいえん》禅師に至って大いに挙揚された。この無仏性の仏道は必ず精進弁道して決してためらったりたじろんだりしてはならない。無仏性の真意をたどり探し求めれば必ず至ることはできるけれども、それには「何《か》」（性空を悟る）という標準があり、「汝《にょ》」（乾坤只一人）という時節があり、「是《ぜ》」（万法悉く是）という機に投ずることもあるからよく参究すべきである。そして周辺法界《しゅうへんほっかい》は同姓《どうせい》（無仏性《むぶっしょう》）であるから直下《じきげ》に「無仏性ばかり」と承当《じょうとう》すべきである。

五祖曰く、「仏性空ゆえに無という」と。これは空は無にあらずと明らかにいったものである。仏性空《ぶっしょうくう》の事実を道取するのに半斤《はんぎん》（一斤は十六両）とも八両ともいわず（理屈）無と示した。仏性は空だから空といわず仏性は無だから無といわず（いずれも理屈）仏性《ぶっしょう》空《くう》という事実《じじつ》を無《む》というのである。従って、無の一片一片は空の事実を現わす標準である。空の一片一片は無を道破する力量を備えている。五祖のいう仏性空《ぶっしょうくう》の空は色即是空の空ではない。色即是空というと色そのままが空であるという強制が入り、また空を分けて無理に色とする作意が入るが、真実は空是空《くうぜくう》の空《くう》である。空是空の空とは空裏一片石《くうりいっぺんせき》（空きりの事実）のことである。そこで仏性無と仏性空と仏性有と同か別か、四祖と五祖の問答には以上の妙旨あることを道取すべきである。

中国の第六祖曹谿山大鑑禅師《そうけいざんだいかんぜんじ》は、その昔黄梅山《おうばいさん》の五祖弘忍《こうにん》禅師に上参したとき、五祖が最初に質問した。「お前さんはどこから来たか」六祖曰く「嶺南人《れいなんじん》です」五祖曰く「ここに来て何を求めるのか」六祖曰く「仏になるためです」五祖曰く「嶺南人《れいなんじん》無《む》仏性《ぶっしょう》、仏になりようがあるか」と。この「嶺南人無仏性」というのは、嶺南人に仏性なしというのではない。また嶺南人に仏性ありというのでもない。「嶺南人無仏性」という事実《じじつ》のみ、といっている。「いかにして作仏《さぶつ》せん」というのは「どうして作仏を求める必要があるのか」ということである。

一体仏性の道理即ち真の事実を明らかに参究し体得している先輩は極めて少ない。仏性の道理は、小乗阿含経およびその他の経師論師達の知るところではない。ただ仏祖の児孫だけが師匠から弟子へと直伝してきたものである。仏性の道理すなわち事実は何かというと、仏性は成仏《じょうぶつ》よりさきに具わっているものではない。成仏よりのちに初めて具わるものである。仏性は必ず修行の結果としての成仏と同参するものである。この修行上の大切な道理をよくよく参究功夫しなければならない。二、三十年もの長さの猛修行が必要なものであると参学すべきである。十聖三賢《じゅしょうさんけん》等の途中の階梯《かいてい》にある者にはわからない。今まで衆生有仏性《うぶっしょう》と示したり衆生無仏性《むぶっしょう》と示してきたのは、この道理を示したもので、成仏《じょうぶつ》した後初めて仏性を具足していた事実を知ると参学するのが正伝の仏法である。このように学し納得するのでなければ、真の仏法ではない。このように学し実地の修行を実行しなければ、真の仏法がどうして今日まで伝わることができよう。この道理がわからぬ者は、成仏の意義も明らめず見聞しない者である。このゆえに五祖は六祖に向って「嶺南人《れいなんじん》無仏《むぶっ》性《しょう》」といったのである。仏法を見聞し聞法する最初に、見聞することが得難いのは「衆《しゅ》生《じょう》無《む》仏性《ぶっしょう》」の説法である。従ってあるいは善知識に従いあるいは経巻に従って仏法を修行し聞く法の中で、最も喜ぶべきことは「衆生無仏性」ということである。「一切衆生無仏性」ということを飽き飽きする程見聞覚知しない者は、仏性を未だ本当に見聞覚知しない者である。六祖が専一に仏になろうと努め、五祖が六祖をして成仏せしめんとする方法は、六祖が道取や善巧《ぜんぎょう》方便《ほうべん》を用いるようなことをさせず、ただ「嶺南人《れいなんじん》無《む》仏性《ぶっしょう》」と事実《じじつ》を突きつけたことである。無仏性の事実をウムと道取するのが成仏への近道であることをよくよく知るべきである。無仏性のみと受け取ったまさにその時直ちに成仏する。従って無仏性のみということが見聞覚知《けんもんかくち》できない間は決して成仏はしない。

次に六祖がいわれた「人有《にんう》南北なりとも仏性無南北《ぶっしょうむなんぼく》」という語句の内容について功夫弁道すべきである。有南北《うなんぼく》無南北《むなんぼく》の語を赤子《あかご》のように純真な心で自己の一挙手一投足の上において如何如何と究明すべきである。六祖のこの言葉には大切な精神がある。すなわち人は成仏することはあるが仏性は成仏するなどということは絶対に無い。この一つの入り組みを六祖はよくわかっているのかどうか。（こういって我々にお前達わかるかとせまっている）四祖や五祖が道取した無仏性の語ははるかに一切の罣礙《けいげ》（障害）を超えた力量を持っている。即ち無仏性のみの世界（一隅）にしてしまった。その一隅を受け継いで迦葉仏や釈迦牟尼仏等の諸仏が成道し転法輪してきたが、その転法輪は一切衆生悉有仏性と道取し道取させる力量がある。従って悉有仏性《しつうぶっしょう》の有《う》は無仏性《むぶっしょう》の無《む》に嗣法《しほう》してぴったり一つとなってしまった。そこでこの無仏性の語は、はるか遠く四祖五祖の室中より聞こえてきたものである。そこで六祖が本当にその人ならばこの無仏性の語を徹底功夫すべきである。仏性の有無はどうでもよい。なにものかこれ仏性と探究すべきである。なにものかこれ仏性と尋ねるべきである。現在の修行者も仏性と聞くと、仏性これなにものと本質を探究せず、すぐに仏性の有る無しを問題とする。まことにあわてふためいたやり方である。そこで仏性の有る無しの無《む》を探究するのではなく、無仏性の事実《じじつ》を参究すべきである。六祖が道取した「人有南北《にんうなんぼく》、仏性無南北《ぶっしょうむなんぼく》」の事実を再三すくい取って参究しなければならない。その再三再四すくい取る猛修行を続けていくと次第に力量が備わり、六祖が道取した「人有南北、仏性無南北」の道を把住したり放行したり色々な角度から参究することができるようになる。おろかな人達は人間は肉体があるので南北があるが仏性は融通無礙なものであるから南北はないと六祖は道取したに違いないと推量するが、これは全く仏道の何たるかを知らない愚蒙《ぐもう》の仲間である。このような誤解を放擲《ほうてき》して直ちに参禅修学し真実如何と真剣に参究すべきである。

六祖が門人の行昌《こうしょう》に対し示していわれた。「無常《むじょう》が仏性である。有常《うじょう》は善悪や一切諸法を分別する迷いである」と。六祖がいわれた無常《むじょう》は、外道や二乗（声聞・縁覚）の測り知りうるところではない。二乗や外道の元祖も末流に至るまで無常ということはいうけれども本当の精神を究め尽したものではない。六祖のいわれる無常は、無常が無常と説き行じ証明している。即ち諸行は無常しかないということである。観世音が直ちに相手の身を現じて相手のために説法なさる（今以現自身得度者《こんいげんじしんとくどしゃ》、即現自身而為説法《そくげんじしんにいせっぽう》）。これこそ仏性そのものである。さらに長法身《ちょうほっしん》には長法身を現じ短法身《たんほっしん》には短法身を現じて説法する。聖人に聖人というかたまりはなく凡人に凡人というかたまりはない。それを凡人あるいは聖人というかたまりがあるというのは仏性ではない。狭い量見であり固定観念の虜《とりこ》となった見解である。そのような見解の者は仏でも小量身《しょうりょうしん》であり性《しょう》（作用）も小量である。それだからこそ六祖は「無常が仏性である」と仰せになった。それなのに仏性は常住不変と思うのは未だ転凡入聖していない証拠である。未転《みてん》（大悟していない）というのは、たとい能《のう》断《だん》と断じた正見も所断《しょだん》と断ずる煩悩を必ずしも一方（煩悩）が去って他方（仏智）が来るという跡などないことがわからないからである。何時も中味は無常《むじょう》で変らない。この事実を仏性常住《ぶっしょうじょうじゅう》という。従って草木叢林は無常であり仏性そのものである。人の身も心も無常であり仏性そのものである。国土山河も無常であり仏性の丸出しである。無上道《むじょうどう》といわれる最尊無上の仏道も無常《むじょう》であり仏性そのものである。仏の境界も無常であり仏性そのものである。すべての二乗の小見に執われている者達及び経師論師の三蔵の学者達は、この六祖の無常《むじょう》は仏性《ぶっしょう》なりの説道《せつどう》に驚き疑問を起こし恐れおののくであろう。もし恐れ疑わないならば、それは天魔外道《てんまげどう》のたぐいである。

●私解　道元禅師は五祖大満禅師と四祖との問答を拈弄して「仏性きり」の世界は即ち「無仏性《むぶっしょう》」であると明示して、「仏性きり」という執着をも払拭《ふっしょく》して空裏一片石《くうりいっぺんせき》の事実《じじつ》そのものに契当《けいとう》せよと我々にせまっている。「仏性きり」という大悟も実は「迷い」である。この悟りという迷いから脱却するには空裏一片石《くうりいっぺんせき》の「無仏性」の体験が必要である。

そこで道元禅師は六祖大鑑慧能禅師が、五祖に上参した時の問答の中の「嶺南人無仏《れいなんじんむぶっ》性《しょう》」の語を引用して「無仏性《むぶっしょう》」のみの世界をさらに明示するとともに、六祖の「人有《にんう》南北《なんぼく》、仏性無南北《ぶっしょうむなんぼく》」の語を持ち出して、この「無仏性のみ」という事実を悟るには、実地の猛修行《もうしゅぎょう》が必須《ひっす》であるという修行上の大切な心得を述べておられる。それが、

「仏性は成仏よりさきに具足せるにあらず成仏よりのちに具足するなり、仏性はかならず成仏と同参するなり。」

である。「仏性即無仏性《ぶっしょうそくむぶっしょう》」の事実は正師のもとで真剣な参禅弁道という修行なくしては絶対に手に入らない。

六祖の門人行昌《もんじんこうしょう》は「涅槃経」の仏性常住の言葉を諸法即ちすべての現象は無常なもので生滅変遷を繰り返すが、仏性は常住不変で変遷することは無いという考えを持っていたが、これでは諸法と仏性とが別々の二元対立の観念論となってしまう。そこで六祖は「無常者即仏性也《むじょうはそくぶっしょうなり》、有常者即善悪一切諸法分別心也《うじょうはそくぜんあくいっさいしょほうふんべつしんなり》」と示して「仏性は無常なり」が事実であり、この事実を「仏性常住《ぶっしょうじょうじゅう》」というのであることを知らしめんとした。これを見ても六祖は「仏性即無仏性」の事実を手に入れておられたことは明らかである。

第十四祖龍樹尊者《りゅうじゅそんじゃ》は、梵語《ぼんご》では那伽閼刺樹那《ナーガールジュナ》といい、唐《とう》では龍樹《りゅうじゅ》または龍勝《りゅうしょう》また龍猛《りゅうもう》ともいう。西インドの人で南インドにやってきた。その国の人々は多く現世利益《げんぜりやく》を信じていた。尊者は人々のために妙法を説いたが、聞く人達は互いにいい合った、
「人間は幸福であることが第一である。いたずらに仏性を説いて聞かされても、誰も見たことはないではないか」と。尊者はいった、
「お前達仏性を見ようと思ったら我慢《がまん》を捨てなさい」。

彼の国の人達はいう、「仏性は大きいのですか小さいのですか」と。

尊者はいった、「仏性は大きくもなければ小さくもない。広くもなければ狭くもない。幸福でもなければ報いもない。ただ生まれたこともなく死ぬこともない」と。彼等はその

道理がすぐれていることを聞いて最初の考えをひるがえした。そこで尊者は再び高座《こうざ》に上って自在身《じざいしん》を現わして満月の輪のようになった。集まった人々はただ尊者の説法を聞くだけでその姿を見ることはできなかった。その集まりの中に長者の子で迦那提婆《かなだいば》という人がいて、人びとにこう尋ねた、

「この姿が何かわかるか」人々はいった、

「ただ今我々は目に見ることもなく、耳に聞くこともなく、心に知ることもなく、身の安住するところもない状態です」と。提婆《だいば》曰く、「これは尊者が仏性のすがたを現わして我等に示されたのである。どうしてわかるかというと、無相三昧《むそうざんまい》の形は満月のようであるからで、このお姿で仏性の義は明々白々である」提婆がいいおわると、月輪のすがたがなくなって、尊者はもとの座の上に姿を現わした。そして次の偈を説かれた。

「身に円月《えんげつ》の相《そう》を現じ
以《も》って諸仏《しょぶつ》の体《たい》を表《あら》わす
法を説くに其の形無く
用《もっ》て非声《ひしょう》色《しき》を弁《べん》ず」

このとおり真実の説法の働きは声や姿形の上に現われているものではない。真箇の説法には形はない。龍樹尊者は広く仏性の義を説かれたその数は数え切れない。今はそのなか

のごく一部を略説するにすぎない。「汝、仏性を見んと欲せば、まず須らく我慢《がまん》を除くべし」この説法の宗旨《しゅうし》を直ちにうけがわなくてはならない。見仏性《けんぶっしょう》はできないわけではない。それは我慢《がまん》を除きさえすればできる。自我意識も一つや二つではない。さらに慢心の程度も多段階である。従ってそれらを除く方法も千差万別となる。だが仏性を見ることさえできればそれが可能である。その見性も眼が目を見ているという事実に気が付くことである。仏性は大きくもなく小さくもないという言葉の意味を一般の凡夫が考える大小の二つに分ける考えにならってはならない。これらの人達はかたくなに仏性は広大なものであるという邪見をたくわえてきているからである。大にあらず小にあらずというまさにその事実をそのまま受け入れるのが正しい道理である。大にあらず小にあらずと聞いたとおり聞くのが正しいと思い、その思いどおり聞いたとおり実行していくことが大切である。

そこで尊者の述べられた偈をよく聞くべきである。それは「身現円月相《しんげんえんげつそう》、以表諸仏体《いひょうしょぶったい》」である。これは仏そのものを自分の身に現わしていること、故にそのまま完全無欠の円月相を現わしていることで、従って一切の長いもの短いもの四角いもの円いものを、この身現に学んで一つ一つ申し分がないことを習うべきである。身に円月相を現じた事実の参究にうとい者は、円月相を知らないばかりでなく、諸物体の中味もわからない者である。そのような愚か者は、龍樹尊者が化身を現じたのを円月相というのだと思うが、それは仏道を正しく伝承していない魔党の邪念である。いつでもどこでも非身《ひしん》の化現《けげん》というような芸当をしたものではない。まさに知るべきは、この時尊者は高座の上にただ坐っておられただけである。その時の身現の有様は、今誰でも坐っているように坐っておられたのである。その時の尊者の身儀《しんぎ》が円月相の現成なのである。従ってその身現は方円でもなければ有無でもない。また隠顕《おんけん》でもなければ八万四千の集まりのこの肉体というものでもない。ただ身現のみである。この事実を円月相という。その実例が黄檗が宣宗《せんそう》皇帝と斉安《せいあん》国師の下で修行していたとき、黄檗が毎日礼拝するのを見た宣宗が「仏について求めず法について求めず僧について求めず礼拝して如何せん」と質問した時、黄檗が「這裏《しゃり》是れ甚麼《なん》の所在ぞ、細《さい》と説き麤《そ》と説く。礼拝することただかくの如し」と叱りとばしたとおりである。この身現はとっくに我慢を除き去った姿であるから、龍樹尊者はいない。そのまま諸仏体そのものである。それもただ以表《いひょう》しただけであるから、これが諸物体だという意識も透脱している。従って仏くさいところは何処にもない。その仏性の完全無欠の様を満月の形で如実に現わした中味は、実体はないただ明々たる姿だけであって、円月の形を並べて諸仏体だというのではない。ましていわんや、尊者の働きだとか姿形というのでもない。身現という言葉も肉体のことでもなく六根六境六識の主観客観界のことでもない。主観客観界のこととよく似ているようだけれども、仏性の現われであり諸仏体の事実であり、その事実を説法した姿でありそれには決まった形はない。決まった形がないということは、無相三昧のことでその相なき相を身現という。一同が円月相を望見したというが、尊者の真実の円月相は見ていないから本当に見ることはできなかった。だが尊者は大衆が悟る転機になればと全身で真実の説法の姿を現わし、色や形にとらわれない自由自在の事実を示した。そしてその姿を現わしたかと思うと直ちに隠してそのどちらも完全無欠な進歩であり退歩であると説法された。龍樹尊者が再び座上にその身を現わした時一般大衆はただ尊者の説法を聞くのみで尊者のお姿は見えなかった。しかしひとり尊者の法を嗣いだ迦那提婆《かなだいば》尊者だけは、あきらかに尊者の満月相を識り、円月相を識り、身現を識り、諸仏性を識り、諸仏体を識ることができた。龍樹尊者の室に入って正伝の仏法を一器の水を一器にそそぐように伝承できた人がたとえ多くいたとしても、提婆尊者と肩を並べられる人はいないであろう。提婆は師匠の半座を分け与えられる尊者である。大衆の導師であり仏法の全てを分け与えられた分身である。これは昔霊山会上において釈尊が摩訶迦葉尊者を座元《ざげん》として半座を分けて、正法眼蔵無上の大法を正伝されたのと同じである。龍樹尊者が未だ仏道に廻心《かいしん》しなかった以前、その外道の法を信じていた弟子が多くいたが、（仏弟子となったとき）皆ことわってしまった。龍樹尊者がすでに仏祖となってからは、迦那提婆一人に法を伝えた正式の嫡子として正法眼蔵の大法を正伝した。これこそ無上道単伝の事実である。しかるに外道の時の道を誤った者達が、我々も龍樹尊者の法嗣《はっす》であると自称して、論書をつくり解説の義を集めているが、その多くが龍樹の名を借りているもので龍樹自身が作ったものではない。かつて龍樹に捨てられた徒輩が人々をまどわしているものである。仏弟子たるもの、ただひとすじに提婆の伝えるところでなければ、龍樹の説ではないと知るべきである。これこそ正信を得たというものである。ところが、偽物と知りながらそれを受ける者が多い。これらは正伝の仏法を謗る人々の愚行であり、まことに悲しいことである。

迦那提婆尊者は龍樹尊者の身現を見て大衆にいった。「これは尊者が仏性の相を現じて以て我々に示したものである。何を以て之《これ》を知るかというと、無相三昧の形は満月の如くで、そこに仏性の義が廓然《かくねん》として虚明《きょめい》だからである」と。いま天上界や人間界それに三千大千世界に流布している仏法を見聞せる先輩後輩の中で、身現相《しんげんそう》が仏性だと本当に道取した者がいるであろうか。大千世界の中で道取したのは迦那提婆尊者のみである。その他の人達は、ただ仏性は眼見耳聞心識《げんけんにもんしんしき》等の及ぶところにあらずとのみ道《い》っている。身現が仏性なりということを知らないからいわないのである。龍樹尊者が仏性を惜しんでいるのではないが、我々が眼や耳をふさいでいるので見聞することができないのである。身識《しんしき》の作用も未だ仏性を知るところまで発達していないので仏性を了別することができないのである。無相三昧はその形が満月のようであるのを望見しており礼拝しておりながら、見ていて見えないのである。仏性は澄み渡った大空のようにからっとしていて明々である。従って、身現が説仏性《せつぶっしょう》であることは明瞭であり、からっとしている。説仏性の身現はそのままで諸仏体を表わしている。いずれの一仏二仏の仏様も身現《しんげん》以表《いひょう》を仏体《ぶったい》としており、仏体は身現そのもの仏性そのものである。我々が四大（地水火風）五蘊（色受想行識）と思い会取するように仏様や祖師の身心の大きさをはかるのは、身現すなわち仏性の暫時の姿である。これもすでに以表諸仏体である。五蘊十二《ごうんじゅうに》処十八界《しょじゅうはっかい》の現実もこのように以表諸仏体《いひょうしょぶったい》の現われである。一切の功徳は以表諸仏体・身現円月相の功徳である。この功徳は龍樹尊者の身現円月相を究めつくし統括する。一切の無量無辺の功徳が往来しているのは、身現円月相の一造次《いちぞうじ》（暫時の姿）であり仏性のその時々の光明三昧である。

しかるに龍樹と提婆の師匠と弟子が仏性の相を正しく示されてからは、インド中国日本の三国の前代後代の人々の中で時々仏道を学ぶ人物もでるが、未だ龍樹や提婆のように、仏性の真実義を道取せず、何人かの経師論師等は仏道の大道をふみはずして通りすぎている。大宋国では昔から、龍樹尊者の身現円月相の因縁を画くのに、我が身を以て画いたり心を以て画いたり、空中や壁に画いたりすることができず、いたずらに筆先で画くのに、法座の上に鏡のような一輪相を画いて、龍樹の身現円月相であるとしている。既に数百年を経過して人の眼をくらます病弊となっているが、その誤りを指摘する者がいない。あわれにも万事が仏法にかなわないことこの通りである。もし身現円月相が一輪相であると理解するならば、それこそ本当の絵に画いた餅である。人を愚弄するのも甚だしいし死ぬ程おかしな話である。悲しいことに大宋国の在家も出家も誰一人龍樹の説法を本当に聞いていないし、提婆尊者のいわれた言葉の精神にも通じていない。ましていわんや身現を親切に受け取っていない。だから明月の夜が暗く満月が欠けているというような馬鹿なこととなる。これは修行の稽古がおろそかで古徳先聖を思慕する真情が足らないからである。先輩も後輩もいやしくも仏道修行者は、真箇の身現にあわなくてはいけない。絵に画いた餅を眺めて鑑賞するようなことをしてはならない。身現円月相《しんげんえんげつそう》も画くならば龍樹尊者が法座上に身現相《しんげんそう》を画いたようにすべきである。揚眉瞬目《ようびしゅんもく》と端直に画くべきである。皮肉骨髄の正法眼蔵を必ず兀坐《ごつざ》と画くべきである。そうすれば破顔微笑の真実が伝わる。なぜなら、兀坐が仏祖そのものだからである。単なる一輪相の画は提婆尊者がいわれた「無性三昧《むしょうざんまい》、形如《かたちごと》二シ満月《まんげつ》一ノ」の月相も形もない。また龍樹尊者がいわれた「説法《せっぽう》ニ無《な》二シ其形《そのかたち》一、用弁《ようべん》非二ズ声色一ニ」の説法も声色も用弁もない。もし真実の身現を求めるならば、円月相を画かねばならない。円月相を画く以上真実の円月相を画くべきである。なぜなら身現は円月相だからである。龍樹尊者の円月相を画こうとすれば完全円満な正身端坐を画くべきであり、さらに満月相を我が身に現ずべきである。しかるに身現を画かず、円月も画けず、満月相も画けない。まして諸仏体《しょぶったい》も以表《いひょう》も説法も画けずに、いたずらに一枚の画餅《がびょう》も画くだけで一体何をしようとするのか。急いでこのことに着眼して修行に邁進すべきである。そうすれば美食飽人の喫にあたらずという境涯を得ることができる。月は円く完全無欠である。円は完全な身現である。その円を学するのに一枚銭のような固定観念や一枚餅のような一面観で学んではならない。すべての身相はみな円月相であり満月形である。一つ一つが完全無欠である。実は一枚銭一枚餅もそのままで完全無欠と学すべきである。

自分（道元）は道を求めて大宋国にやってきた。嘉定十六年（一二二三）癸未《みずのとひつじ》秋のころはじめて阿育王山広利禅寺に来たが、西廊《さいろう》の壁間にインドの第一祖摩訶迦葉尊者から中国の第六祖大鑑慧能禅師に至る三十三代の祖師方の変相《へんそう》を画いたものを見たが、この時は素通りしただけであった。そののち宝慶元年（一二二五）の夏安居《げあんご》の最中に、再び此処を通る機会に、西蜀から来ていた成桂《じょうけい》という知客《しか》の僧と廊下を歩いているついでに聞いてみた。「これは何の変相か」と。知客曰く、「龍樹尊者が身に円月の相を現じたものである」と。このようにいう知客《しか》の顔つきには、仏道の精神という目も鼻もついておらず、その声の中に活きた語勢はなかった。そこで自分は曰く、「本当にこれは一枚の絵に画いた餅ですね」この時知客は大笑したが、その笑いの中に、殺人刀も活人剣もなく頭の中の絵に画いた餅を打ち破る力はなかった。それから知客と自分は舎利殿及び六ヶ所程景色の良い場所を見て回ったが、その間何返かこの問題について問題を提起したが疑問を起こすことさえしなかった。その外の僧侶達も皆不十分であった。そこで自分はいった。「堂頭《どうちょう》和尚に聞いてみよう」と。その時の堂頭は大光和尚であった。ところが知客はいった。「堂頭和尚も目鼻があいていないから円月相のことはわかるまい」そこで堂頭和尚にも聞かなかった。知客はこのようにいったが、知客和尚もまたわかっていなかったし、その他の僧侶達も本当の精神を道取している者はいなかった。前後左右の諸山の住持人も、あの絵を見て何もあやしまず自分の考えを改めることもしない。まして本当に画くことを得ることはできないであろう。仏法は決して絵にかくべきものではない。かくならば正しくかくべきである。しかし龍樹の身現円月相なる仏性を正しく画いた者はかつていない。一体仏性はいまの我々の慮知念覚《りょちねんかく》のことであろうと見解《けんげ》することの迷夢から醒めないものだから有仏性という説法にも無仏性という説道にも通達することへの端緒を失っている。そして有仏性と道取し無仏性と道取すべきだと学習する者も稀である。このような疎忽怠慢《そこつたいまん》は真実の修行を廃したからである。諸方の粥飯頭《しゅくはんとう》たる住持人が、すべて仏性という説法を一生いわないでしまう者もある。あるいは次のようにいう者もある。仏道を学問的に研究して聴教する者達は、仏性のことを談ずるであろうが、仏道を実地に修行する参禅の僧達は、仏性などかれこれいうべきではないと。このようなことをいうやからは真箇の畜生である。

何という魔党が仏陀如来の道にまぎれこんで、仏道をけがそうとするのか。仏道は聴教だけでよいとか参禅だけでよいとかいうことがあると思うのか。そんなことは真の仏道ではない。（真の仏道は仏性を信解行証入《しんげぎょうしょうにゅう》することであって、聴教とか参禅などという区別はどこにも無い）

●私解　この段は第十四祖龍樹尊者が迦那提婆尊者の一族を教化する際、「身現円月相《しんげんえんげつそう》」と仏性そのものを示して教化した因縁を持ち出して、通常我々が坐る我が身がここにあると認識しているその自我意識とそれにまつわる妄情である我慢を完全に除き去った時に、大にあらず小にあらざる完全円満な仏性が現われるという事実を示された。だが大宋国においてこの事実を知る者は少なくなり、ただ一枚の円相を画いて、それが龍樹の「身現円形相」であるという間違った仏道が行われており、そのことは道元禅師が訪れた阿育王山広利禅寺《あいくおうざんこうりぜんじ》の堂頭《どうちょう》和尚をはじめ大衆の殆どが陥っていた誤りであることを指摘して、その時既に大宋国の仏道は地に落ちた状況であったことを慨歎しておられる。達磨大師が中国に来たのが五二七年、道元禅師が大悟されたのが一二二五年、約七百年で真の禅は中国では消滅寸前となってしまった。

杭州《こうしゅう》塩官県《えんかんけん》斉安《せいあん》国師は馬祖道一《ばそどういつ》禅師の法嗣である。ある時大衆に示して「一切衆生有《う》仏性《ぶっしょう》」といわれた。この一切衆生の語はよくよく参究すべきである。一切衆生はそれぞれ業が違い依報《えほう》（環境）も正報《しょうぼう》（主体）もそれぞれ異なる。従ってその見解もまちまちである。凡夫・外道・三乗（声聞・縁覚・菩薩）・五乗（三乗に人間・天上を加える）各々見解を異にし業果を異にしている。いま仏道でいう一切衆生というのは、有心者《うしんじゃ》（有情）は皆衆生である。心とは衆生だからである。また無心者（無情）も同じく衆生である。衆生とは心のことだからである。要するに心は衆生のことであり、衆生は皆有仏性《みなうぶっしょう》である。草木国土は心であり衆生である。衆生だから有仏性である。日月星辰は心であり衆生である。衆生だから有仏性である。国師のいう有仏性とはこの事実をいう。もしそうでなければ仏道でいう有仏性ではない。斉安国師がいわれた言葉の精神は、「一切衆生有仏性」という事実のみということである。それでは衆生でないものは有仏性ではないのかということになるであろう。そこでまあ国師に質問してみなさい。「一切諸仏は有仏性なのかそうではないのか」と。このように国師に質問して試験すべきである。（だが国師に用はない。我々に参究をうながしている）

一切衆生即仏性《そくぶっしょう》といわないで一切衆生有仏性《うぶっしょう》といわれた意をよく参学すべきである。有仏性の有を脱落してごらんなさい。一切衆生と仏性は一つ（一条鉄）となって継ぎ目がなくなる。ちょうど鳥道のように跡がない。そこで一切衆生有仏性は一切仏性有衆生ということになる。このようにいう条理は何かというと、一切衆生と説いても有衆生《うしゅじょう》と説いても衆生を透脱しており、一切仏性と説いても有仏性と説いても仏性を透脱しているからである。国師が一切衆生有仏性と会得されたことを十分説くことができなくても、将来正しく説きうる時節が来るであろう。それだけではない。今日の国師の道得《どうとく》も宗旨がないわけではない。（立派に宗旨はある）また国師がいう一切衆生有仏性の事実を本来自己に具有しているという道理を（お前達が）未だ十分に会取していなくても、それを会取する四大五蘊や皮肉骨髄があるのであるから、一生かけて道取していけばよいし、また生々世々をつくして道取していけばよいのである。

大潙山大円禅師《だいいさんだいえんぜんじ》（百丈懐海禅師の法嗣）がある時大衆に示して「一切衆生無仏性《むぶっしょう》」といわれた。この言葉を聞く人天の中には喜ぶ大人物もいたし、びっくりしてその精神を疑う者もいた。いうまでもなく釈尊の説法は一切衆生悉有仏性《いっさいしゅじょうしつうぶっしょう》である。大潙山大円禅師の説法は、一切衆生無仏性である。有と無とでは、言葉の筋がはるかに異なる。その言い方の当不当が疑われるであろう。さりながら一切衆生無仏性の方が仏道においてすぐれている。塩官禅師《えんかんぜんじ》が一切衆生有仏性と道《い》ったのは、古仏釈尊と共にお互いに片手ずつ出し合って相槌を打っているようではあるが、未だそれは一本の杖を二人でかついでいるようなものである。ところが大潙はそうではない。一切衆生無仏性といって、一本の杖が二人を呑み込んでしまって杖だけになってしまった趣がある。ところで塩官国師は馬祖の法嗣であり、大潙禅師は馬祖の孫に当る。法孫ではあっても父や祖父よりもすぐれていることもある。勿論法子《ほっす》は父や祖父より年少である。（だが仏道においては年少ではない）いま大潙禅師がいわれた言葉の理の至る処、一切衆生無仏性をその道理に合致したものとした。この言葉は未だかつて仏道の規矩準縄《きくじゅんじょう》からはずれたものというものではない。潙山禅師の自家屋裡《じかおくり》の胸中よりほとばしり出た経典として受持読誦したものである。従ってさらに一段と深く模索し参究すべきである。一切衆生はなぜ仏性があるのか。仏性などどこにあるのか。もし仏性などという特別なものがあるなら、それは魔党である。一箇の悪魔をつれてきて、一切衆生の上に重ねようとするものである。仏性は仏性であり、衆生は衆生であって、その衆生が仏性を具足しているなどということはあろうはずがない。たとえ衆生が仏性を具えようと求めたからといって、そこで仏性が初めてやって来るというものでないのが本当の精神であって、仏性が酒を飲んだから衆生が酔ったなぞといってはならない。（衆生に罪をかぶせるな）またもし本性としておのずから仏性があるというならば、それは仏性きりでその外に衆生などあり得ない。すでに衆生ありという以上衆生きりでその外に仏性などありはしない。

以上のようなわけで百丈禅師は「衆生に仏性有りと説くもまた仏法僧を謗《そし》るなり。衆生に仏性無しと説くもまた仏法僧を謗るなり」といっている。従って有仏性といっても無仏性といっても、ともに謗三宝《ほうさんぼう》の罪を犯すことになる。謗三宝の罪を犯すことがあっても、有仏性とか無仏性とか説かないわけにはいかない。（説かねば人を救えない）しばらく潙山と百丈に聞こう。謗三宝の罪となるというが、それはそれとして、仏性というものを一体説き得るのか説き得ないのか。またたとい説き得るとしても、説くこと自体仏性であるから結局説くことはできないのではないか。そして説くこと自体仏性なら聞くことも仏性で全く同参である。また大潙に向っていおう。お前さんは一切衆生無仏性と道《い》い得たけれども、一切仏性無衆生とは未だ道っていない。また一切仏性無仏性とも道っていない。いわんや一切諸仏無仏性は未だ夢にも見たことはない。さあ何んとか道って貰いたい。

百丈山大智禅師は大衆に示して曰く、

「仏は是れ最上乗《さいじょうじょう》（最上の乗物）であり上上智《じょうじょうち》（最高の智慧）である。仏道はこの本分人《ほんぶんにん》のことをいう。仏は有仏性であり導師である。融通無礙なのでこれを無礙の智慧という。よく因果を使いこなして幸福も智慧も自由自在。この車に因果をのせて運ぶ。生を処するに生にとどめられない。また死に当って死に妨げられない。色受想行識の五蘊を処するにどの門も直ちに開くので出入自在。去住自由で出入は無難。もしこのようであれば、上下優劣を論ずる必要はない。蟻の身に至るまで能くこのようであれば、悉く浄妙安穏な国土であり、不可思議の世界である」と。
以上は百丈禅師の言葉である。我々のこの身心は生滅《しょうめつ》無常《むじょう》のまま不壊身《ふえしん》である。我々の瞬時瞬時の立つ坐る泣く笑うの造次《ぞうじ》は、そのまま開かれた解脱門である。色受想行識の五蘊は五蘊に妨げられない自由の身である。従って生死を自由に使いこなすことができる。いたずらに生に執着する必要はない。またみだりに死を恐れることはない。なぜなら既に生も死も仏性の大活躍そのものであるからである。従って動揺したり嫌ったりするのは外道である。既に現前している衆縁《しゅえん》も（これから現われる衆縁も）自由自在に使いこなしていける、これが最上乗の仏道であり、これができる人が仏である。この仏様の居る処は何処でも寂光浄土となる。

黄檗が南泉の茶室の中で坐っていた。南泉が黄檗に質問した。

「禅定と悟りの智慧とを等しく手に入れた人が真の仏性を見ることができるという宗旨は何か」と。黄檗はいった。

「十二時中一物にも頼らない人にして始めて可能です」

南泉曰く、「それはお前さんの見処か」

黄檗はいう、「不敢《ふかん》（どう致しまして）」

南泉曰く、「醤水銭《しょうすいせん》（食費）は勘弁してやるが、草鞋銭《そうあいせん》（わらじ銭）は誰に払ってもらおうか」と。

黄檗はだまった。

ここでいう定慧等学《じょうえとうがく》というのは、定学と慧学は別々なので、その定と慧とを均等に学ぶことによって仏性を明らかに見ることができると考えがちだがそうではない。仏性を明見してみると定慧一如であったことを学ぶのである。その理由はどうしてかと道取する必要がある。それは仏性を明見するのは誰なのかと道取する時も同じである。仏性等学、明見仏性（仏性きりと等学できた時仏性を明見できる）それはなぜかと道取する必要がある。そして道取してみると、それは仏性そのものだったと道得できる。

黄檗の十二時中不依倚一物《ふえきいちもつ》という精神は、十二時はただ十二時であって何物にも依倚していない。何物にも依倚しない十二時であるから十二時も仏性そのものというのは明らかである。この十二時はどんな時節が到来したものなのか、いかなる国土のことなのか。この十二時は人間のいう十二時なのか、他のどこかの国の十二時なのか、普賢菩薩の浄土の十二時なのか。たとえこの娑婆世界の十二時であろうと普賢や弥陀の浄土の十二時であろうと不依倚である。すでに十二時はすべて不依倚であるからである。

「それは長老の見処なのか」は「それは長老の見処とはいえないのではないか」とも響く。逆にそれは長老の見処ではないのかと南泉がいったとしても、黄檗一人の見処と思ってはいけない。黄檗自身にぴったり的当であっても、それは単に黄檗だけにいったのではない。黄檗も必ずしも自己のみの見解とは思うまい。なぜなら長老達の見処は不依倚一物と丸出しだからである。黄檗曰く「不敢」と。この言葉は宋土においては自分に能あることを問われた時に、はいできますと言おうと思っても謙遜して「不敢（どう致しまして）」という。従って黄檗が不敢といったのは、言葉どおりの不敢ではない。このいい方は言葉どおりではないと道取することは、はかりがたい宗旨がある。南泉が便ち是れ長老の見処なりやといったが、こういわれてどの長老もたとえ黄檗であっても、いう言葉は「不敢」となろう。ちょうど一頭の水牯牛がでてきてモーモーというようにこの外はできない。この外にいいようがないと道取する。成程このとおりと道取するより外はないと道取する精神は何か試みにいってごらん。

南泉曰く。「醤水銭《しょうすいせん》はしばらく致《お》く。草鞋銭《そうあいせん》は誰に返させようか」と。この言葉の意味は「食費はしばらく勘弁するがワラジ銭は誰に払ってもらおうか」というのであるが、この言葉の精神は生々世々を尽して参究すべきである。食費はなぜしばらくこれを不問とするのか心を留めて審細に勤学《ごんがく》すべきである。またワラジ銭はなぜ問題とするのか。それは多年仏道修行の行脚のため幾つものワラジを使い果してきたからなのか。今次のようにいうべきである。

「ワラジ銭など返しません。なぜならワラジは一足もはいたことがないからです」と。また次のようにもいうべきである。

「ワラジは二三足は使いふるしましたので、このとおり道取ができました」と。これも仏道の宗旨である。黄檗は直ちに休した。これはただ黙っただけである。南泉に肯がわれなかったから休したのでもなく、黄檗みずからうなずけずに休したのでもない。黄檗のような本当の衲僧がそんなことはない。黄檗の「便休」は仏道の丸出しであり説き尽している。ちょうど破顔微笑の中に殺人刀が光っており活人剣が働いているようなものである。これこそ仏性明見のお粥やご飯を腹一杯食べている証拠である。

さてこの南泉と黄檗の問答を取り上げて、潙山が弟子の仰山に問うて曰く、「これは黄檗が南泉の腹がわからず、従って南泉を引き回すことができなかったのではないか」と。これに対し仰山は答えた。

「そうではありません。黄檗は南泉を陥し穴に突き落そうとした作略《さりゃく》があります」と。潙山曰く、「お前の見処はそのようにすぐれたものとなったのか」と。潙山はその時、黄檗が南泉の腹が見えず扱いかねたのではないかと問うたのに対し、仰山は黄檗には陥虎《かんこ》の機《き》ありと答えた。既に陥虎の機ありというならば虎の頭をなでて自由自在にあやつることもできなくてはならない。この陥虎捋虎《かんこらっこ》の力があって初めて異中にも類中にも自由に行ける。

それには明見仏性の悟りの一隻眼《いっせきげん》を開かねばならない。そしてその一隻眼を開いたら、さらにこの悟りの眼への執着を断ち切った仏性明見の世界を手に入れねばならない。わかったら速やかに道《い》え、わかった！　と。仏性を見るということは何とすばらしいことであろう。そうなると半物《はんもつ》・全物《ぜんもつ》何を持ってきても不依倚《ふえき》（独立無伴）の生活ができる。百千の物一つ一つが宇宙を呑んで一つきりの不依倚であり、百千時間の一瞬一瞬が全時を呑んで一瞬きりの不依倚となる。この故に次のとおりいわれている。「十二時中蘿籠《らろう》（仏性）ばかりで余物《よもつ》なし。藤の樹に依る（依倚）のも樹木が（不依倚）と立っているのも共に仏性。全宇宙（天中及全天）仏性ばかりで、黄檗の「便休」のように言葉のつけようがない」

　趙州真際大師にある僧が問うた、

「狗子《くし》還《かえって》有《リヤ》二仏性一也《また》無《シヤ》（犬にも仏性が有るか）」

　この問いの精神を明らめなければならない。これは狗子《くし》とは犬のことであるが、犬に仏性があるのかと問うたのでもないし、また無いのかと問うたのでもない。これは鉄のような意志を持った道人（趙州）も学道するのかと問うたのである。このような意地の悪い学人に出合うとなぜこんな奴に会ったのかとうらみたっぷりとなるが、それはちょうど昔撫《ぶ》州《しゅう》石鞏《せききょう》禅師がすばらしい僧に会って「自分は三十年来漸くこのような一箇半箇の聖人を得たり」といったような立派な弟子を手に入れた趣きがあろう。ここで趙州は「無《ム》」と答えたが、この言葉を聞いて仏道を学習する方途がある。仏性が自称する無もこのとおりム！　狗子が自称する無もこのとおりム！　太郎でも次郎でもどの傍観者が唱える無もこのとおりム！　である。このム！　は一劫の長きにわたっても消えない大石をたちどころに消してしまう。僧曰く、「一切衆生皆な仏性あり、狗子なんとしてか無なる」と。さてこの語の宗旨は、一切衆生無ならば仏性も無、狗子も無となってしまう。それを今更無というのはどういう宗旨か。狗子はそのまま仏性なのになんでさらに無をまつ必要があるのかということである。趙州曰く、「犬に業識《ごうしき》があるからだよ」と。この言葉の精神は、あいつ（犬）は業識ばかり。業識ばかりがあいつ（犬）である。狗子もいなければ仏性もない。業識は絶対に狗子と会わない。同様に狗子は絶対に仏性に会わない。（三者は一つだから）狗子と仏性が共にある（双放《そうほう》）としても共になし（双収）としても、なお業識の始終でありすべてである。

趙州にある僧が問うた「狗子還有仏性也無」、この質問はこの僧が老趙州を引き回しているることになる。しかし、仏性について問いつ答えつすることは、仏祖道の日常茶飯事でめずらしいことではない。趙州は「有《う》」と答えた。この有の様子は、教家の論師達の論ずる有ではない。説一切有部の小乗経で論ずる有でもない。進んで活きた仏法の有を学すべきである。活きた仏法の有とは趙州和尚の有である。趙州の有は狗子のことであり、狗子の有は仏性のことである。僧はいう、「既に仏性が有るなら、どうして犬の皮袋に入ってしまったのか」と。この僧のいい方は今有るのか昔あったのかそれとも既有《きう》（もともと有る）なのかと問取している。既有というのはもろもろの存在を現わすようだが、そうではなく孤明《こめい》（天地を呑んで只孤《ひと》り明らか）ということである。この既有が皮袋に撞入するとかしないとかがありえようか。（既有の仏性ばかり）そうすればこの皮袋の行履すなわち道人の日常生活は蹉過しようがない功夫弁道となる。趙州曰く、「為ナリ二他ノ知而故犯《ちにこぼん》一」と。この語は世俗の言葉として広く世の中に流布されている（知りながら重罪を犯す）が、今は趙州自身の説法で、そのいうところは「知りてことさらに犯す」ということである。このいい方は疑問に思う人も少なくないであろう。いま入の一字はよくわからないと思うかもしれないが実は入の一字も不用である。（犬が仏性そのもので入りようがない）いわんや庵《あん》中不死人《ちゅうふしにん》（本来人＝仏性）はこの皮袋を離れようがない。不死人《ふしにん》と呼ばれる本来人がたとえ誰であっても、いつでもこの皮袋に常在していて出入はない。知ってことさらに犯すといっても入皮袋のことではない。撞入這皮袋《とうにゅうしゃひたい》という事実は必ずしも知而故犯《ちにこぼん》とは関係はない。知るから故犯となる。よく知るべきは、この知而故犯はそのまま本来の自己の脱体現成でそのまま仏性に覆われている。この事実を撞入と説いてもよい。本来の自己の脱体現成と仏性に覆われてしまうと、自己も仏性に覆われ他人も仏性に覆われて、仏性が仏性を仏性するだけとなる。事実はこのとおりであるから、我々は驢前馬後をウロウロしている凡夫であることを免れないなどという必要はない。一人一人仏性三昧の活き如来ばかりである。

雲居山弘覚大師《うんごさんこうかくだいし》（洞山悟本大師の法嗣）がいわれた、「たとえ仏法を学んでも、学得したといったらその用心は錯りである」と。

従ってたとえ仏法辺のことを半枚でも学んだら、それは久しく間違いをしてきたこと、日に深く月に深いというものである。だがこれもやはり這皮袋《しゃひたい》に撞入《とうにゅう》した狗子であり知ってことさらに犯す姿であり仏性そのものである。

長沙景岑《ちょうしゃけいしん》禅師（南泉の法嗣）の法会で竺《じく》尚書が問うた、
「みみずが斬られて二つとなりました。両頭とも動いていますが仏性はどちらにあるのでしょうか」と。師曰く、「莫妄想《まくもうぞう》（馬鹿なことをいうな）」尚書曰く、「どちらも動いているではありませんか」師曰く、「生きているから当り前（風火未散）よ！」

いま尚書は「ミミズを斬って二つにする」というが斬らない時は一つと決まっているのか。仏法の常識はそうではない。ミミズはもともと一つでもなければ斬られて二つになったのでもない。この一つでも二つでもない事実を坐禅功夫によって大悟するという参学をすべきである。尚書は両頭倶動といったが、ミミズを斬らない前を一頭としたのか、それとも仏向上すなわち絶対論的立場を一頭とするのか。両頭の語は、尚書がこれを会していようといまいと関係なく、この大切な語話《ごわ》を捨てておいてはいけない。即ち二つに斬られたミミズは一頭であってさらに絶対論的な一頭があって両頭というのか。次に動というときは、動ばかり（倶動）が事実である。涅槃経には定動《じょうどう》（禅定で煩悩の根を動かす）智抜《ちばつ》（悟りの智慧で迷いの根を抜く）という言葉があるが定動も智抜も動ばかりである。尚書は「蚯引《きゅういん》斬って両段と為す、未審《いぶかし》仏性在《ある》ヤ阿那頭《あなとう》」といったが、これは「仏性斬って両段と為す、未審蚯蚓《いぶかしきゅういん》在阿那箇頭」と学すべきである。この道得は審細に参究することを要する。また「両頭倶動、仏性在阿那箇頭」というのは、両頭が倶に動いては仏性の居場所がないといっているのか。倶動だから動くことは両方ともに動くとしても、仏性の所在はそのどちらにあるべきというのか。よくよく参究すべきである。

景岑禅師が「莫妄想《まくもうぞう》」といわれた精神は何か。それはただ妄想することなかれといっただけである。そうならばミミズの両方が動くところに妄想はないというのか、それとも動くこと自体妄想ではないというのか、そうではなく仏性には妄想がないというのか、あるいはまた仏性だの両頭だのという論議は必要ないただ妄想なしと道取することなのかとよく参究すべきである。尚書は続けて「動くのをどうするのですか」といったが、それは動いたら仏性をさらにもう一枚重ねることになるではないかといったのか、それとも動いたら仏性ではあるまいといったのか。

風火未散《ふうかみさん》と長沙がいったのは仏性そのものを現わしたのであろう。しかしそれは仏性としたものであろうか、風火としたものであろうか。仏性と風火が二つとも出たともいえないし、仏性が出れば風火が引っ込み、風火が出れば仏性が引っ込むともいえない。また風火がそのまま仏性ともいえない。だから長沙は蚯蚓有仏性とも蚯蚓無仏性ともいわず、ただ莫妄想といわれ風火未散といわれただけである。仏性の活作用は、長沙の言葉の精神がわかることである。長沙の風火未散という言葉は静かに功夫すべきである。未散というのはどのような道理があるのか。風火の集まったのが未だ分散すべき時期が来ていないと道取するのを未散というのか。そんなことではない。風火未散は仏が法を説くようなものであり、未散風火は法が仏を説くようなもので要するに仏性が仏性を説くだけである。たとえば仏が一音《いっとん》の法（一仏乗）を説く時節が到来すると説法する。逆に説法がなされるのは一音の法（一仏乗）の時節が到来したことである。法は何時でも一音きりであり一音の法しかないからである。

また仏性は生きている時のみにあって死ねばなくなると思う。これは最も少聞薄解《しょうもんはくげ》の考えである。生きている時も有仏性であり無仏性であるし死んでも同じく有仏性であり無仏性である。肉体の散・不散を論ずると仏性の散・不散を論ずることとなる。散（死）の時も仏性有・仏性無であり、未散（生）の時も有仏性・無仏性というのが事実である。それを仏性は動の時あって不動の時はなくなる、意識がある時は精神はあるが意識がなくなると精神はなくなるとか、知の時は仏性はあるが不知の時は仏性はなくなるという考えに誤って執着するのは外道である。無限の過去から多くの馬鹿者達は心識の作用をもって仏性だと誤認し本来人と誤解しているが、とんでもないことで全くお笑い草である。さらに仏性とは何かと道取するのに、あれだこれだの言句にこだわるべきではないが、強いていえば牆壁瓦礫（垣根・壁・瓦・小石）である。さらに向上にいうと、仏性って一体何かということである。よくわかったかな、皆の衆よ。

●私解　ここは四段に分けて「仏性」をさらに詳細に参究している。まず第一段は、塩官斉安禅師の「一切衆生有仏性」の語を取り上げて「一切衆生有仏性」の事実を示し、第二段では潙山大円禅師の「一切衆生無仏性」の語を取り上げて「一切衆生無仏性」の事実を示し、第三段では百丈禅師の「有仏性・無仏性ともに謗三宝《ほうさんぼう》なり」の語を取り上げて有仏性も無仏性もともに謗三宝（間違い）であるという事実を示している。要は仏性へのこだわりを超えた事実の人になることが大切であることを示している。そして第四段では百丈禅師の語を引いて、この事実の人を仏といいこの人の居る処は何時も寂光浄土であることを示された。そしてその実例を三つ挙げられた。

実例の第一は、南泉と黄檗が「明見仏性《みょうけんぶっしょう》」の問答を取り上げ二人共全く不依倚《ふえき》（独立独尊）の仏性のやり取りをしている様子を示し、実例の第二は趙州と僧との有名な「狗子仏性」の問答を出して、趙州も僧も狗子も無も有もすべて仏性の大活躍であることを示し、第三例では長沙と竺尚書《じくしょうしょ》との「蚯蚓両段《きゅういんりょうだん》」の公案を出して、ミミズは斬られても斬られなくても仏性ばかりで妄想の抱きようがない風火未散の事実きりであることと、生も有仏性無仏性、死も仏性有仏性無の事実ばかりで生死を頭に浮かべる余地がない事実を示された。

仁治二年（一二四一）十月十四日、京都、観音導利興聖宝林寺において僧衆に示す。

六、仏向上事の巻

前述「仏性の巻」で論理の限りを尽して「仏性」を論じた道元禅師は、四十三歳に入ると一転して大悟を超えた仏境涯更にそれさえ捨てきった行履ができる人（仏向上人）になることが必要であり、そうなるとその仏向上人さえ必要のない「非仏」となると説くに至っている。一二四二年三月に選述された「仏向上事の巻」を拝覧してみよう。

高祖である筠州《いんしゅう》（江西省）の洞山悟本大師《とうざんごほんだいし》は潭州《たんしゅう》（湖南省）の雲巌山無住《うんがんざんむじゅう》大師《だいし》の法を親しく嗣いだ。釈迦牟尼仏から数えれば三十八代目の祖師であり、逆に大師から遡れば三十八人の祖師がおられることになる。洞山大師はある時衆に示していわれた。

「仏向上事《ぶっこうじょうじ》（仏境涯を超えた行履）を体得して初めてわしは仏法を口にする事ができる」と。僧は直ちに尋ねた、「それはどんなお話でしょうか」大師曰く、「聞こうと思ったら、聞こえんよ」僧曰く、「和尚はお聞きになれますか」大師曰く、「聞こうと思わん時聞こえる」

ここでいう仏向上事《ぶっこうじょうじ》という言葉は洞山大師が始めて使われた。その他の仏祖は、大師の言葉に参じて仏向上事を体得してきた。よく知るべきは、この仏向上事は、修行の如何にかかわらずまた修行が実った結果とも関係ない。ただ聞こうとしたら聞こえない事実を体得しそれに徹することである。仏向上という境地に至らなければ仏向上を体得することはできない。真に語《かた》らなければ仏向上事を体得することはできない。語話《ごわ》と仏向上《ぶっこうじょう》は一つであるから、互いに顕われたり隠れたりとか、与えるとか奪うとかすることはない。語《ご》話三昧《わざんまい》そのものが仏向上事である。仏向上事が実現するとお前さんは決して聞こえない。語話の時お前さんが聞こえないというのは仏向上事は聞きようがないからである。語話の時お前さんは聞きようがない。語話きりなので聞くことにけがされない、また聞かないことにもけがされない。要は聞《もん》・不聞《ふもん》とは全く関係ない。聞こえない時我《われ》はいない。語話の時も我はいない。人に逢うてもその人はいない。これといった途端これではない。我語話《われごわ》の時聞く自分はいない。なぜ聞く自分がいないかというと、全身が舌になってしまって聞きようがないからである。全身が耳になってしまっているので聞く主体がない。見るだけになってしまって耳に入らない。一心不乱になっていて聞こえない。このように聞きようがないのである。だからといってこのようなことが真の語話だと思ってはならない。不聞がそのまま語話というのではない。語話の時聞く自分がないだけである。高祖がいわれる「語話の時聞く自分がない」というのは、語話の時は徹頭徹尾語話っきりということで、ちょうど藤づるが藤づるにからまり合うようなもので、言葉が言葉にからまれて語話の中に一切がのみこまれてしまっているのである。

僧曰く「和尚はお聞きになれますか」と。これは洞山大師に話を聞くかと聞いているように見えるが、質問される和尚はいない。語話していないからである。しかしこの僧が疑問としているのは「語話の時ただ聞くのみと参学すべきでしょうか」と聞いている。もっというと、語話の時はただ語話だけ聞く時はただ聞くだけでしょうかと聞こうとしたのである。しかしこのようにいえたとしても、お前さんが舌を使っているのではない。（ただ

仏向上事のみである）

洞山高祖曰く「聞こうと思わん時聞こえる」よくよく参究すべきである。まさに語話の真最中には聞くことはない。聞いている最中には聞く語話はない。聞く語話がない事実だけであるから、それとは別に不語話の時を待つ必要はない。聞くばかりの時は語話がそばで見ているというのではない。本当にそばにいて見るというのは（全く一つになることであるから）聞く真最中の時は語話は全く無く、どこにも見当らなくなる。さりとて語話の時即聞が語話の中にかくれてしまい、それがやがて動き出すというのでもない。従って闍梨《じゃり》（僧）であっても誰であっても、語話の真最中は不聞であり、たとえ我《われ》（洞山）であっても誰であっても、聞こうと思わん時ちゃんと聞いている。こうなって初めていささか仏法を口にすることができ、仏向上事を身につけたといえる。そうなるとしゃべっているまま（聞こうとせずして）聞けることがわかる。この事実を「聞こうと思わん時聞ける」といったのである。そうはいっても、仏向上事《ぶっこうじょうじ》というのは、七仏已前のはるか昔のことではない。七仏が向上事なのである。

高祖洞山悟本大師が衆に示していわれた。

「仏境涯《ぶっきょうがい》を捨てきってしまった人がいることを知るべきである」と。一人の僧が尋ねた、「仏境涯を捨てきった人とはどういう人でしょうか」大師曰く、「非仏《ひぶつ》」雲門文偃《うんもんぶんえん》禅師曰く、

「名づけようもできない。その形を把えることもできない。だから非《あら》ずという」と。保福曰く、「仏といってはならない」法眼曰く、「仮りに仏と呼ぶだけ」

洞山悟本大師《とうざんごほんだいし》は仏祖の中でさらに超出した仏祖である。その外にも沢山の仏祖方はおられるが、仏境涯《ぶっきょうがい》を越えた道ということは、夢にもいえない言葉である。徳山・臨済等には説いて聞かせてもとてもわからないであろう。岩頭や雪峰等は、粉骨砕身の努力をしても、仏向上の拳を喫することはできまい。高祖がいわれた「仏境涯を越えた行履《あんり》を体得して初めて少しは仏法を口にすることができる」ということ及び「仏境涯を捨てきった人であることを知るべきである」という言葉は、ただいたずらにどんなに長い間修行を続けても証《さと》り究《きわ》めることのできるものではない。ただ洞山のいう玄路《げんろ》（玄々微妙の道）を参学した者にして初めてあやかることができる。直ちに「仏境涯を捨てきった人」がいることを知るべきである。この語は洞山の精魂を尽しての心からのはからいである。だからこれを知るには古仏に体当りして問い、おのれの拳を振りかざして全力を尽して気づく外はない。このようにして「ああそうだったのか」と知り得た時は、仏向上人《ぶっこうじょうにん》（仏境涯を捨てきった人）あることを知ることができるし、ここまで来れば、そんな境涯も必要なくなるので、仏向上人無きこともわかる。この洞山の示衆は、仏向上人になるべしというのではない。また仏向上人に相見すべしというのでもない。ただ仏向上の人がいることを知るべきであるということである。そこにこの関門を開く鍵がある。その鍵を使いこなせれば、仏向上人が有るとか無いとか知っているとか知らないとかは問題でなくなる。（なぜなら）その仏向上人とは非仏《ひぶつ》だからである。その非仏とは何かの疑いがでたら、よくよく思うべきである。この非仏は仏になる前とかなった後とかは関係ない。仏を超えたのが非仏というのでもない。ただ仏境涯を超えている者を非仏というだけである。この非仏は仏という一切の観念を脱落している。従って仏の身心を脱落したことさえ脱落している。

（この後「仏向上事の人」の例として、東京《とんきん》の浄因枯木《じょういんこぼく》禅師、雲居山《うんごさん》の弘覚《こうかく》大師、曹山本寂《そうざんほんじゃく》禅師、盤山宝積《ばんざんほうしゃく》禅師、智門山《ちもんざん》の光祚《こうそ》禅師、天皇寺《てんのうじ》の道悟《どうご》禅師の各禅師の行履と逆に未だこの境地に至っていない牛頭法融《ごずほうゆう》大師の例を挙げているが、ここでは省略する。）

そのとき仁治三年（一二四二）三月二十三日、観音導利興聖宝林寺において衆に示す。

七、菩提薩埵四摂法の巻

更に翌仁治四年（一二四三）道元禅師四十四歳の五月に選述された「菩提薩埵四摂法《ぼだいさったししょうぼう》の巻」を見ると、人間は相手と全く一つとなった行動、具体的には布施《ふせ》・愛語《あいご》・利行《りぎょう》・同事《どうじ》が大切であること、換言すれば自己を忘じた利他《りた》の菩薩行《ぼさつぎょう》が大切であることを懇切に説かれている。

四摂法を拝読してみよう。

菩薩の徳目には布施《ふせ》、愛語《あいご》、利行《りぎょう》、同事《どうじ》の四つがある。そのうち布施というのは不貪《ふとん》である。不貪というのは施者も受者もむさぼらないことである。むさぼらないというのは、世にへつらわないということである。たとえ全世界を統治していても、正しい教化を行なうには、どうしてもむさぼらない（不貪《ふとん》）ことが大切である。不貪というのは、たとえば貴重な宝を見ず知らずの人に何の執着もなく施すようなものである。遠い山の花は何の執着もないので、それを如来に供養するように、前生から積んできた今生の自分の宝を人々に施すのである。法であろうと物であろうと、人それぞれ布施するにふさわしい功徳が本来備わっている。従って我がものでなくても、それを布施してかまわない道理がある。その場合物の大小軽重をきらう必要はない。その物が役に立つということが大切である。分別を放捨して仏道のままに行じていきさえすれば、仏道を体得することができる。従って仏道を体得する時、必ず仏道がそのまま行なわれていくこととなる。財物もそれ自身の宝にまかしさえすれば、必ず布施という形となる。それはちょうど自分が自分に施し他が他自身に施すようなものである。この自他のない布施の縁による力は、遠く天上界人間界に通じ悟りを得た聖者や賢者にも通ずるのである。なぜなら布施の与え手となり受け手となって限りない縁が結ばれるからである。そこで仏はいわれた、「布施する人が大衆の集まりの中に来ると大衆はその人を敬い仰ぎ見る」と。その人に布施の心があることをすぐに察するのであろう。従ってたとえ一句一偈であってもよい法を布施すべきである。それは今生ならびに来世の善根の種となる。また一銭一草のわずかな財でも布施すべきである。この世やその他多くの世の善根がきざすことになる。法を施せばそれが宝となるが、財物を施すのもそれが法そのものなのである。人々の願う心に従うべきである。昔の故事では唐の太宗が自らの髭をやいて病める臣にのませたという。あるいは阿育王《あいくおう》は前世に仏に砂をもって糧となして献じた功徳で今生に王位を得たという話もある。ただそれは自分の行為に対する報いをむさぼらず、自分ができることだけを分かち与えた結果なのである。舟を渡し橋をかけるのも布施による到彼岸《とうひがん》の行為である。よくよく布施を学んでみると、この身を受けて人のために尽すのも、この身を捨てて人のために尽すのも共にこれ布施行《ふせぎょう》である。自らのなりわいに従事するのも種々の産業を起こすのももとより布施でないものはない。さらには花が風の吹くままに咲いたり散ったり、鳥が季節ごとにさえずるのも、すべて布施の働きである。阿育大王が最期の病床で、マンゴーの実半分を数百の僧達に供養した。それは広大な供養であることが、その道理を与え手だけでなく受け手の人もよく学ぶべきである。人生最後の身の力を励ました布施ということを考え、布施の機会をのがさないようにしなければならない。よくよく考えてみると自ら布施の功徳をもともと具有しているからこそ、今生のこの身を得ることができたのである。仏はいわれた、「仏法の布施を既に自分自身このように受用しているのに、どうして父母妻子に与えないでいられようか」と。これで、よくわかるように自分自身亨受しているのも布施の一分である。父母妻子に与えるのも布施そのものである。もしよく些細な一法でも布施するとき、それが自分のふるまいであっても、それができる自分を喜ぶべきである。なぜなら諸仏の一つの功徳を自分が既に正伝しているからこそそれができるのであり、それを菩薩の一法として、初めて自らの修行としてできるからである。転ずることが難しいのは衆生の心である。そこで一つの財物をきざしとして、衆生の心が転じ始めたなら、道を体得するまで転じていこうと思うべきである。その最初は必ず布施をもってすべきである。だからこそ六波羅蜜《ろくはらみつ》の最初に檀波羅蜜《だんはらみつ》（布施《ふせ》）があるのである。心の大小ははかることはできないし物の大小もはかることはできない。しかし心が物を転ずることがあり、物が心を転ずることもある。それが即ち布施である。

愛語《あいご》というのは、衆生に対してまず慈愛の心を起こし心から愛《いと》しいという思いを込めた言葉を語ることである。おおよそ荒々しい言葉を口にしてはならない。世間では安否を問う礼儀作法がある。仏道には「お大事に」（珍重《ちんちょう》）という言葉があり「ご気嫌いかがですか」（不審《ふしん》）という弟子が師匠に対する挨拶がある。「衆生をいつくしみ念ずること、あたかも赤子に対するような思い」を内にこめて語る言葉が愛語である。徳あるものは賞《ほ》め徳なきものはあわれむべきである。愛語を好んで使っていくと次第に愛語を語ることがふえてくる。そうなると日頃知らない間に、気がつかなかった愛語がふと現われてくるものである。今日の命が続く限り、進んで愛語を語るべきである。そうすると生まれ代り死に代り世々生々、愛語から決して退転することはなくなるであろう。怨みある敵を降伏せしめたり、身分の高い君子を和解せしめたりするのは、愛語が根本となるのである。面と向って愛語を聞けば自然に顔はほころび心も楽しくなる。向かわず人づてに愛語を聞けば、それは肝に銘じ魂までも動かされる。よくよく知るがよい。愛語は愛する心から起こるのであり、愛する心は慈しみの心を種としている。愛語こそまことに天下の形勢を変えるだけの力あることを学ぶべきである。ただ相手の能力を賞めるだけが愛語ではないのである。

利行《りぎょう》というのは、貴賤《きせん》の区別なく人々の利益になるよう手立てを考えてやることである。たとえば遠い将来近い将来をよく見つめて、相手のためになるよう手段を講ずることである。昔の故事に捕われた亀をあわれみ放してやったり、傷ついた雀を助けてやったりした話があるが、その際捕えられた亀や傷ついた雀から何か恩返しを求めたわけではなく、ただひたすら相手のことを思う利行にもよおされて行動しただけである。世の愚かな者は

「他人の利益を先としたら自分の利益はなくなってしまう」というが事実はそうではない。利行は自利も利他も一つの法であって自他ひとしく利するのである。昔周公は子の伯禽《はくきん》が魯に赴任する際、伯禽をいましめていった言葉に、「自分は一度沐浴する度に三度も髪をたばねまた一回食事する間に三たび食べかけたものを吐き出してまで来客を接待した」と。これはひとえに他の利益を先にした思いからである。また伯禽が赴任するのは魯の国の人だから、教えまいというのではなかった。このように怨みのある者にも親しい者にも、同じように利益を与えるべきである。そうすれば自他同じく利することになるのである。もしこの心を得れば、草や木、風や水にまで利行の働きが及び、その働きからもはや退転しなくなる。この道理こそまさに利行であって、この道理がわからぬ愚かな人を救い導こうと努めるべきである。

同事《どうじ》というのは不違《ふい》（そむかない）ということである。自分にも他人にもそむかない。たとえば人間界に生まれた如来は人間に同ずるようにである。人間界に生まれた如来が人間に同じたもうということは、他の世界に生まれれば他の世界にも同じたもうということである。このように同事を知る時自他は全く一如ということがわかる。昔白居易《はっきょい》は琴・詩・酒を三友となし、その琴・詩・酒は人を友とし天を友とし神を友とするといった。人は琴詩酒を友とし、琴詩酒は琴詩酒を友とし、人は人を友とし、天は天を友とし、神は神を友とする道理がある。これこそ同事の学び方である。たとえば同事の事というのは儀《ぎ》（作法）であり、威《い》（形）であり、態《たい》（姿）である。他者をして自己に同ぜしめ、後に自己をして他者に同ぜしめる道理もある。このように自他はその時々に従って無窮に続くのである。管子《かんし》は次のようにいわれた、「海は水をきらわないから大海と成る。山は土を斥《しりぞ》けないから高い山と成る。明君は人を厭《いと》わないから能く人々を統率する」と。よく知るべきは、海が水をきらわないことが同事である。さらに知るべきは水が海をきらわずそそぎ込む徳が自然に備わっている。だから水が集まって海となり、土が重なって山となるのである。よく思いを深めてみると、海は海と一体であるからどこまでも大きな海となるのである。また山は山と一つであるから、どこまでも高い山となっていくのである。同様に明君は人をいとわないから次第に人々が集まってきて大勢が住む国となる。このような明君を帝王というのである。帝王は人をいとわない。人をいとわないといっても賞罰がないわけではない。賞罰はあるが人をいとい嫌うのではない。昔、人が素朴であった時は、国に賞罰はなかった。その時代の賞罰は今時の賞罰とは違う。今でも賞されることを期待せずに、ただ道を求める人もいるはずである。それは到底愚かな者の思いの及ぶところではない。明君は聡明であるから決して人をいとわない。人が集まれば国ができ明君を求めることになるが、どういう人が明君であるかという道理をすべて知っているわけではない。人々はただ明君にいとわれないことを喜ぶのであるが、実は明君をいとわない（いといようがない）事実を知らない。このように明君と愚人との間には何時も一如（同事）の道理が働いている。だから同時は菩薩の行であり願いである。ただただ柔和な顔付きですべての事に接するのが肝要である。

さてこの四摂法《ししょうぼう》は各々四摂法を備えているので併せて十六摂法となるのである。

仁治四年（一二四三）端午の日、五月五日、入宋伝法沙門、道元記す。

八、密語の巻

そして同じく仁治四年（道元禅師四十四歳）の九月に選述された「密語の巻」では、会すべき仏法はどこにもなかったとわかった時が「密語」のすべてであると説き、この世界は仏祖も見ることは不可能なので、最後は「透過《とうか》―密《みつ》」で密をも脱落した世界であると言明されておられる。

密語の巻を拝読してみよう。

諸仏が護持祈念してきた大道をしっかり見てとると天下はあまねく事実（公案）そのも

ので、その事実を師匠から弟子へと証明し伝えられてきたことがわかる。それは汝も亦この事実どおり吾も亦この事実の外はない。

雲居《うんご》道膺弘覚《どうようこうかく》大師（洞山良价《とうざんりょうかい》禅師の法嗣）にある日一人の官人が供物を届けにきた時に次のように質問された、「世尊に密語《みつご》あり、迦葉はそれを包み蔵さない。といわれていますが世尊の密語《みつご》とはどんなものでしょうか」と。大師は呼びかけた、「尚書《しょうしょ》」と。尚書は、「はい」と答えた。大師はいった、「分かったか」尚書は、「分かりません」と答えた。大師はいった、「〝わからん〟というのが世尊の密語《みつご》であり、お前さんが〝わかった〟というのが迦葉の覆蔵《ふぞう》せずだよ」と。

雲居大師は青原行思《せいげんぎょうし》の五代目の弟子であり天上界人間界の師であり、十方世界の大善知識である。時には衆生を教化し、時には無情までも教化した。過去七仏より四十六代目の仏弟子であり、仏祖のために説法された。はじめ三峰庵《さんぽうあん》に住んでいたが、その時天神が料理をして供養として届けたといわれるが、師が仏法得道の後は、天神が供養を届ける境界をも超越されたのでそれがなくなった。今ここでいうところの「世尊有密語《せそんうみつご》、迦葉不覆蔵《かしょうふふぞう》」は、四十六仏が代々相承《だいだいそうじょう》してきた事実であるが、四十六代の大師の本来の面目が現われたものである。決して人から得たものではなく外からやって来たものでもなく、もともと得ていたものでもなく、未だかつて無かった新しいものというのでもない。大師にこの一段の密語が現われたのは、密語はただ単に釈迦牟尼世尊だけのものではなく、諸仏祖はみな密語が具わっているからである。勿論世尊は必ず密語がある。世尊に密語があれば当然に迦葉はそれを覆《かく》しようがない。もし百千の世尊がいれば必ず百千の迦葉がある道理を忘れずに学ぶべきである（世尊と迦葉は一如）。学ぶというのは、一度にわかろうと思わず、百回も千回も詳細に功夫を重ね、ちょうど固いものを切ろうと努めるようにすべきである。語る人がいれば忽ちそれが理解できると思ってはならない。

いま雲居大師は既に世尊であるから密語を語っており、その密語を覆《かく》しようがない迦葉がいる。だが大師が尚書を喚び尚書が答えたのが密語であると頭で理解してはならない。大師が尚書に示された言葉は「お前さんが『わからん』というのが世尊の密語であり、お前さんが『わかった』というのが迦葉の覆蔵せずだよ」である。この言葉は長い間弁道功夫すべきである。「お前さんが『わからん』というのは世尊の密語」だというが、今ボーとして理解できないのを「不会《ふえ》」といっているのではない。不知《ふち》（知らない）を不会《ふえ》（わからん）といっているのではない。「もしお前さんが『わからん』というのはどういうことかと参学すべきである」（わかるべきものなし）という処分（指示）をよく聞き入れ功夫弁道すべきである。さらに「もしお前さんが『わかった』というのが迦葉の覆蔵せず」と仰言っているが、これはお前さんが既に会したといっているのではない。仏法を学ぶ場合に多くの道がある。その中で「仏法がわかる」「仏法がわからない」関棙子《かんれいす》（大事なところ）がある。（実はわかるべきものなし）正師に会わなければ、そのような肝心なところがあることさえわからない。それをいたずらに見聞を超えた眼や耳があるかと思って、それが密語に違いないと勝手に思っている。お前さんがもしわかったとしても、それが迦葉不《かしょうふ》覆蔵《ふぞう》ということではない。たとえわからないといっても、それが不覆蔵ということもある。不覆蔵の事実は誰でも見聞できるというものではないことを学ぶべきである。本来不覆蔵《ほんらいふふぞう》（元来覆われていない）である。どこも覆われている処はないという正《まさ》にその時、その事実とは何かとよく参究すべきである。従って未だ自分が知らない境界を密語であると思ってはならない。会すべき仏法はどこにもなかったとわかった正にその時こそ密語の全てである。これこそ世尊密語有りの事実、有世尊《うせそん》（世尊きり）の事実である。

しかるに正師の教えを聞いたことがないやからは、たとえ師家として説法の座に上っていても、夢にもこの道理をご存じない。そのような彼等が勝手にいう。

「世尊に密語有りというのは、霊鷲山《りょうじゅせん》で沢山の大衆の前で世尊が華を拈じてまばたきされたことである。そのわけは、仏が言葉で説いたものは浅薄である。それは名目や形に執われるからである。一言もしゃべらずにただ華を拈じてまばたきしただけである。これこそ密語を現わした時節である。その時無数の大衆は何のことかわからなかった。それ故人々にとっては、それが密語となった。一方迦葉不覆蔵というのは、世尊が拈華し瞬目された時迦葉は初めからわかっていたかのように、にっこり笑った。そこで迦葉にとっては、何も覆われておらず自明なことなので不覆蔵というのである。これこそ真実であり、このように伝えてきたのである」と。この話を聞いて真実だと思う連中は実に沢山いて、中国のあちこちに群をなしている。まことに歎《なげ》かわしいことである。仏祖の道がすたれてしまったのは、このようなことに基づいている。明眼の者はまさにこれらを一つ一つ打破しなければならない。

もし世尊が言葉で説いたものが浅薄というのであれば、拈華瞬目もまた浅薄なものとなろう。世尊が言葉で語ったことが皆名相だというならば、真に仏法を学んだ者とはいえない。言葉による説法が名目や形となることは知っていても、世尊はそのような名相のところにはいないということを知らない。即ち凡夫の感情から未だ脱却していないのである。仏祖は身心の働くところは皆脱落していて、その身心で説法をして言葉を以って説いている。即ち法輪を転じておられる。だからこそ、このような仏祖の姿を見、その説法を聞いて利益を得る者は多い。仏祖の言を信じかつその法を実践していく者達は、その仏祖の教化を直接受けあるいは仏祖無き処でも経巻等により教化をこうむることとなる。そこで多くの大衆も拈華瞬《ねんげしゅんもく》目を拈華瞬目として見聞することができないはずはない。この点では迦葉と肩を並べ世尊と共に生きているのである。このように百万の大衆は百万の大衆のまま同じく道に参じ菩提心を起こし、仏道を行じ、同じ仏国土に生まれる。ある者は智慧ある者の智によって仏にまみえ法を聞く、ある者は智慧なき者の智によって仏にまみえ法を聞く。こうしてはじめて一仏にまみえると進んで無数の仏にまみえるようになる。その一人一人の仏の法会には百万億の衆生が集まっているであろう。それぞれの諸仏は皆拈華瞬目の舞台を同じように繰り広げておられることを見聞するであろう。その見る処ははっきりしており、その聞くところも明々である。身の眼だけでなく心の眼で見、身の耳だけでなく心の耳で聞くのである。

　さて迦葉が破顔微笑したのを皆さんはどのように理解するのか試みにいってもらいたい。お前達がいうように、世尊の拈華が密語であり迦葉の破顔が不覆蔵というならば、この迦葉の破顔も密語というべきではないのか。しかしこれを不覆蔵といっている。それは正に愚の骨頂というべきではないか。その後で、世尊はいわれた、「私に正法眼蔵《しょうぼうげんぞう》涅槃《ねはん》妙心《みょうしん》がある。摩訶迦葉に伝える」と。このようなお言葉は有言なのか無言なのか。世尊がもし有言を嫌い拈華を好まれるならば、この場合も拈華すべきではないのか。それでも迦葉は理解したに違いないし大衆も聞き取ったに違いない。従ってこのような連中のいうことを用いてはならない。

一体世尊には密語も密行も密証もある。しかるに愚かな人々は思う。密とは他人は知らないが自分だけが知っていることであるとか、知っている人もいるが知らない人もいると思っている。西でも東でも、昔も今も、このように思い、いうのは未だ仏道を学んでいないことである。もしこのようにいうならば、在家出家を問わず、学問のない者は密は多く、広く学問のある者は密は少ないということになる。それでは見聞の広い人達は密はあり得ないということになるのであろうか。まして天眼・天耳・法眼・法耳・仏眼・仏耳等をそなえた者には、すべて密語・密意は全く無いということになるであろう。仏法での密語・密意・密行等はこのような道理のものではない。真に脱落底《だつらくてい》の人に会う時節こそ、まさに密語を聞き密語を説くのである。自己なき真のおのれを知る時密行の何たるかがわかる。いわんや仏祖こそ、これまで述べてきた密意《みつい》・密語《みつご》をよく究明しわきまえておられる。よく知るべきは、仏祖こそまさに密語・密行を次から次へと実現されているのである。

いわゆる密とは親密ということである。切れ目なく続き、仏祖そのもの汝そのもの自分そのもの修行そのもの世界そのもの功夫そのもの密そのものになり切ってしまうことである。即ち密（語）が密（人）に相い逢うて脱落してしまう。この境界は仏といえども見ることは不可能である。密行《みつぎょう》は自他の分別《ふんべつ》がない世界であるが（強いていえば）密なる我がひとり知るのみ、密なる他の知る余地はない（密に他の入る余地なし）。六祖が道明に、

「密はお前さん自身」と示したとおり「密きり」であり、一箇も半箇も密きりである。この道理を、明々瞭々に功夫し学び取るべきである。そもそも師家が人のために説く場所、学人がそれを悟る時節は、必ず密が密に示すだけ（密きり）である。それが仏祖の正しい継承である。ただ今このとおり密きりの時節であるから、自己も密、他己も密、仏祖も密、異類も密、さらに密の上に密を重ねて、尽十方世界密ならざるものなしとなる。このような教・行・証は仏祖であるから、仏祖の密さえ超えていく、即ち密さえ透過《とうか》した密《みつ》（密の脱落）である。

雪竇智《せっちょうち》鑑《かん》禅師が大衆に示された「世尊に密語があり、迦葉は覆《かく》さない。ある夜雨が降って華が散り、満都の流水が香《かんば》しい」と。この雪竇がいわれた「一夜落華雨《いちやらっかのあめ》、満城流水《まんじょうりゅうすい》香《のか》」はまことに親密な句である。この句を取り上げて仏祖の真髄を参究してみよ。臨済や徳山の到底及ぶべきところではない。ひとみの中の鼻の孔に参じて開き、耳にある鼻頭を鋭敏にせよ（共に全身心を全挙せよ）。まして況んや耳鼻眼睛《にびがんぜい》は旧新を超えた（分別なき）渾身心《こんしんじん》（全身で参ずる）そのものとなってくる（こうして全身心が密となる）。こうなると一夜の華雨が宇宙一杯となって現われる。禅師は「満城の流水香し」といわれたが、これは身を蔵す程影がますます現われる（落華する程流水香となる）といっている。このようなわけで、仏祖道における常識は「世尊が密語されるほど迦葉が身を蔵さず現われる」様子を参究して透過することである。過去七仏や釈迦如来のすべての仏方も、このとおり参学された。法を委嘱された迦葉も、委嘱した釈迦如来も同じくこのとおり究明されてこられた。

寛元元年（一二四三）九月二十日、越前吉田、吉峰寺の古精舎にて僧衆に示す。

九、梅華の巻

更にこの年仁治四年（道元禅師四十四歳）の十一月に選述された「梅華の巻」では、道元禅師は先師天童如浄禅師が或る時の上堂での「雪裡《せつり》の梅華《ばいか》只一枝《ただいっし》」の語に深く感動され、これこそまさしく如来の眼目であると正伝しうなずくことができたと述懐されておられる。梅華の巻に参じてみよう。

先師の天童如浄古仏は、大宋国慶元府《けいげんふ》の太白山天童景徳寺《けいとくじ》、第三十代の住職たる大和尚である。ある時上堂、大衆に向って説かれた。

「天童山冬のさなかの第一句は、曲りくねった老梅樹に忽ち華が開くこと一輪・二輪。続いて三・四・五輪から無数の華が開くが、少しも清さを誇らず香りも誇らない。こうして春めいた様子を作り出すが、春風が草木を吹くにつれて華は散り、あたかも雲水の禿頭のようになる。そしてにわかに季節が変って、暴風雨になるかと思うと大地に雪が降り続いて見渡す限りの雪景色となる。この老梅樹の有様は、まことに想像を越えている。ただ寒さに凍った鼻を撫で回してせきこむばかりである」と。

今天童古仏が説かれた老梅樹《ろうばいじゅ》は、まことに想像を超えている。忽ち開華したかと思うと自ら実を結ぶ。あるいは春模様になるかと思うと冬の景色となる。あるいは狂風となり暴雨となり、忽ち雲水の禿頭を示す。あるいは仏祖の眼睛（真面目）となるが、その様は草木となったり清らかな香りとなったり、この思いがけない移り変り千変万化は、到底究めることはできない。さらに大地や天空、きらきら輝く太陽や清らかな月、これらはすべて、この老梅樹の功勲によって現われたもので、それらが相互にからまり合って変化し発展してとどまるところがない。老梅樹が忽ち華開く時「華開いて世界起る（世界中が華となる）」のである。「世界中が華となる時節」が春の到来である。この時節は初めに一華が五葉を開くのであり、この一華に続いて三華四華五華となり、やがて百華千華万華億華となり、無数の華が開くのである。これらの華が開くのは、皆老梅樹の一枝二枝無数枝の全く誇ることのない働きであり、優曇華《うどんげ》（三千年に一度開く無花果）や優鉢羅華《うっぱらげ》（青蓮華）も、同じく老梅樹の一枝二枝である。おおよそすべての華の開くのは、この老梅樹の恵みである。人間界天上界にもこの老梅樹があり、この老梅樹のお蔭で人間や天堂が育っている。従って百千の華を人間や天上の華と称する。万億の華は仏祖の華である。このように梅華が開く時節を「諸仏がこの世に出現し給う」と呼ぶのであり、「祖師はもともとこの国土に現われ給う」ともいうのである。

ある時先師如浄古仏は上堂して衆に示された、「釈尊が成道した時節は、雪裡《せつり》の梅華《ばいか》がただ一枝現われ、その一枝が今や到る処春風にさそわれて繚乱《りょうらん》と咲き誇る」と。いまこの古仏の説き給うところは、世界のすみずみに行き渡っており、人間界天上界のすべての人々は今こそ得道する時節である。それればかりではない。雲も雨も風も水もまた草木昆虫に至るまで、仏法の恵みを受けないものはない。天地国土もこの説法によって生気溌剌《せいきはつらつ》となった。これまで聞いたこともない仏道を聞くということは外でもない、この説法を聞き取ることである。未だかつて無かったものを得るということは、ただ今修めている法を得ることである。だが、少しでも福徳を身に備えるのでなければ、とても見聞することができない説法である。

現在大宋国の百八十州の内外には、山寺や人里の寺もあって数えることができない程多い。その寺には沢山の雲水がいるが、先師古仏に出合わない人が多く、出合った人は少ない。ましてその説法を見聞した人はごくわずかであろう。いわんや古仏に相見して仏道を尋ねた人となるとさらに少ない。まして先師の奥の部屋に入ることを許された者は幾人もいるわけではない。さらにいわんや先師の真実の仏法を頂戴礼拝することを許された人はどれ程といえようか。先師古仏は容易に僧堂に止宿して修行することを許さなかった。いつも仰せられることは、「道心の無い者、それに慣れきってしまった者は、うちには置けん」といって追い出してしまう。追い出した後には必ず、「真に仏道を志す資格の無い奴が何をしようとするのか。このような犬は全く人騒がせだ。掛搭《かた》させることはできん」といわれた。私はこのことを眼の当り見聞し、その度にひそかに思ったことは、彼等は一体どういう罪があるのだろうかと。この国の人に生まれながら先師と共にとどまることを許されない。それに引きかえ、私は何の幸いがあって、遠い外国の生まれであるのに、禅堂に入ることを許されただけでなく、自由に先師の奥の部屋に出入りして尊いお姿を礼拝し仏道を聞くことができた。私はまことに愚かな者であるとはいえ、むなしからざる良い因縁が結ばれたからに違いない。先師が宋朝の人々を教化された時は、それによって道を得た人もあり、得なかった人もいた。しかし先師古仏は既に世を去られた。今や暗夜よりも暗いといわねばならない。なぜか。それは先師古仏がおられた前後には、先師古仏のような古仏はいなかったから、このようにいうのである。それ故先師古仏の説法を見聞しようとする後学の者は、よくよく思わなければならない。自分以外の諸方の人々も、きっと同じようにこのような説法を見聞参学しているに違いないと思ってはならないということである。

先師の「雪裡梅華《せつりばいか》」の説法は、まことに三千年に一度開くといわれる優曇華《うどんげ》のような希《け》有《う》の教えである。我等は日頃は幾度となくこの梅華の仏法を拝見しながら、うっかり見過して、瞬目のうちに破顔微笑された正法であることに気が付かなかった。しかるに今や、「雪裡の梅華」こそ、まさしく如来の眼目であると正伝しうなづくことができた。このことを身につけて自らの頂門の眼とし、眼中のひとみとすることができた。さらに梅華の中に入り来ってこの梅華を究め尽せば、最早疑うべき余地は全く無くなってしまう。これこそ「天上天下唯我独尊」の眼目であり、正法の世界の最尊なるものである。そのようなわけで、天上界の華や人間界の華、天の雨ふらす大小の曼陀羅華《まんだらげ》や曼殊沙華《まんじゅしゃげ》、十方の数限りない国土に咲く華は、みな「雪裡梅華《せつりばいか》」と同一のものである。なぜなら梅華の恵みを受けて華開いたものだからである。従って百億の華はすべて梅華であり小梅華というべきであろう。さらにまた空華、地華、三昧華などいづれもこの梅華の大小一族の華である。その華の中に百億の国土がある。従ってその国土に開いた華は皆この梅華の恵みを受けている。その梅華の恵みの外には一滴の雨露もない。すべての命脈がこの梅華により成ったものである。二祖が嵩山の少林寺で、雪が漫々と覆う中で達磨大師に参学したというが（実はそれも梅華であって）ただ雪漫々地とのみ参学してはならない。（その梅華さえ消え失せた雪漫々地）それは如来の眼睛であり頭上をてらし脚下をてらしている。ただヒマラヤの雪とのみ学んではならない。老々大々たる釈尊の正法の真髄である五眼（仏の肉眼・天眼・慧眼・法眼・仏眼）も究め尽くされ、千眼（観音の千手千眼）も円成《えんじょう》している。まことに老々大々たる釈尊の身心の光明は諸法の実相を究め尽して余すものは一つもない。人間界と天上界では見方が違うであろうし、凡夫と聖者とでは、その思うところは違うであろう。だが雪漫々地の大地に変りはない。雪漫々が尽界大地の実相であり、この表裏一体円満の雪漫々地こそ釈尊の眼睛、真面目である。

よく知るがよい。華も大地も本来無生《むしょう》である。華は生滅を離れている。華が無生ならば大地も無生である。華も大地も本来無生だから仏祖の眼睛も無生である。仏祖の眼睛が無生であるというのは無上菩提（究極の悟り）そのものである。この事実を体得してみると梅華ただ一枝のみとなる。まさにこの事実を体得した時「雪裡の梅華」ただ一枝のみとなる。それが大地・華と生々流転する。このことをさらに雪漫々というのは、全世界表も裏も雪漫々だからである。全宇宙は一心《いっしん》であり、全世界は華の香である。全世界華の香ばかりであるから、全世界は梅華《ばいか》である。全世界が梅華であるから、全世界は釈尊の眼睛《がんぜい》である。即今の現成底（而今の到処）であり山河大地である。既に事が到り時が到っているから達磨大師が「わしがこの土に来たのは、法を伝えて迷える人々を救うためである。それはちょうど一華が五葉を開き自然に成るように輝き渡る」といわれたことが到る処で実現している。仏法に西来東漸ということがあるが、梅華は即今即今現成している。この即今即今現成していることを「荊棘《けいきょく》を成す」（如浄禅師の言葉）という。大枝に旧いもの新しいものという即今の事実がある。小枝にも旧いもの新しいものという現成の事実がある。到る処既に現成と参学すべきである。その現成は即今の事実と参学すべきである。三・四・五・六の華の裏は無数の華の裏であるが、その華の裏に具足している深広《しんこう》な功徳《くどく》は、高大な表の功徳となって開かれている。実はその表も裏も一華から自ずと出てくる功徳である。それはただ一枝であって異枝でも異種でもない。到る処この一枝ばかりという事実を即今といい、これが釈尊そのものである。この一枝の世尊を、嫡々《てきてき》附属《ふぞく》していくのである。だから「われに正法眼蔵あり摩訶迦葉に付嘱す」ということになり、「汝吾が髄を得たり」ということになる。このように到る処に現成しているのであるからこれ程尊いものはない。だから「五葉を開く」こととなる。その五葉とは梅華のことである。だからこそ過去七仏があり、西天二十八祖、東土六祖及び十九祖が居られる。皆一枝の開五葉であり、五葉のただ一枝である。このように一枝を参究し五葉を学び究めていくと「雪裡梅華《せつりばいか》」の事実が正伝付嘱されることがわかる。ただ一枝という言葉によって梅華現成の自己に気付けば、雲月《うんげつ》是れ同じという実相の世界も、渓山《けいざん》各々《おのおの》別なりという差別諸法の相も手に入る。しかるに参学の眼がない連中は「五葉というのは、中国の五代と初祖とを併せて一華とし、その五世は古今にも前後にもないから五葉というのである」という。こうした考えは取り上げて批判するにも価しない。彼等は仏祖に参ずる資格のないあわれむべきやからである。五葉一華の教えが、どうして五代のみであろうか。六祖よりあとは道を得ていないというのか。全く子供の片言にも及ばない。決して耳を傾けてはならない。

先師古仏は歳の初めに上堂していわれた、

「一月元旦、万物ことごとく新たである。伏しておもうてみると、大衆よ、梅は早春を開く」と。

静かに思うと、過去現在未来にわたってすぐれた長老でさえ、たとえ彼等が尽十方界にただ一人と脱落現成していても、「梅開早春《ばいかいそうしゅん》」ということができなければ、誰がお前さんを仏道をいい尽した人といえようか。ただ一人、先師如浄古仏のみ古仏中の古仏である。古仏の心は梅華の開くのに催されて春は早くもやって来るということで、すべての春は、梅華の持つ一つ二つの功徳である。その一つの春（梅華《ばいか》）が万物を新たにし、万法を年の初めに帰らしめる。元旦はまさに仏祖の眼睛（真面目）である。万物は過去現在未来だけではない。はるか昔の大昔から未来永劫にわたる量り知れない時間のすべてが新たになるのであるから、この新は新そのものをも脱落している新である。だから「伏して惟《おもん》みれば大衆」と呼びかけたのである。それは「伏して惟みれば大衆」もこのように新そのものだからである。

先師天童如浄古仏は上堂大衆に示して曰く、

「一言ぴたりと適当すれば、永久に変ることはない。柳の芽は新しい枝に生え、梅の華は古い枝に咲きほこる」と。その意とする所は気の遠くなるような長い長い修行も、結局は「一言ぴたりと適当する」ことに帰する。一瞬一瞬の弁道も、つまりは永久不変の一瞬の前後連続である。新しい枝に新芽がいっぱい生い茂って新しい枝ぶりとなるが芽ばかりである。だが新芽ばかりと思うとそれが新しい枝そのものである。だがその新も新そのものと脱落した万物咸新の姿である。梅の華が古い枝に咲きほこるというのは、梅華ばかりの古い枝は古い枝ばかり、その古い枝が梅華ばかりとなることである。華も枝も全く一つでそこにあるばかり。生ずるばかり、咲きほこるばかりである。華も枝も全く一つでただ咲くばかりが事実であるから、釈尊の「吾に正法あり迦葉に付嘱す」ということになる。拈華の時はすべて拈華ばかり、破顔の時は尽界が破顔ばかりである。

先師古仏は上堂して大衆に示していわれた「柳は腰に大帯をまとい、梅華は臂に弓籠手《ゆごて》をあてる」と。この弓籠手は蜀の錦城や楚人卞和《べんわ》の璧《たま》のようなものではない。まさに梅華が開くことである。梅華が開くのは「汝吾が髄を得たり」（仏法の現成）である。

波斯匿王《はしのくおう》はかつて賓頭盧尊者《びんずるそんじゃ》を招いて昼食を供養した。その時次のようにお尋ねした、「かねがねお聞きしましたが、尊者は親しく仏にまみえたということですが、そのとおりでしょうか」と。すると尊者は手で眉毛をさか立てて示された。

先師如浄古仏は、これをたたえて説かれた、「眉毛を立てて問いに答えた。まごうことなく親しくかつて仏に見《まみ》えた。今に至るも天下の如来である。春は既に梅の梢にあるが、雪を帯びてなお寒い」と。

この物語は、波斯匿王が供養のついでに尊者が仏に見えたか否かを聞いたものである。見仏というのは仏になることである。仏になるというのは眉毛をさか立てることである。尊者がたとえ阿羅漢果を得ていても、真の阿羅漢でなければ仏に見えることはできない。真の見仏でなければ仏になることはあり得ない。仏になれないならば眉毛を立てることは到底できない。従ってよく知るべきは、尊者は釈迦牟尼仏より面授された弟子として、既に四果を証得しており、弥勒仏《みろくぶつ》の出現と同等の尊者である。どうして釈迦牟尼仏にまみえないといえようか。この見釈迦牟尼仏というのは、単に肉身の仏を見ることではない。釈迦牟尼仏と全く同一の法身の釈迦牟尼仏に親見されたことである。これが本当の見仏と参学してこられた。波斯匿王はこの参学眼を得ておられたから、尊者の策起眉毛の妙手に出合うことができた。「親しくかつて仏に見《まみ》える」の本当の精神を会得する参学眼がなければならない。「春は梅梢に在る」の春は人間界の春のことではない。仏国と限ったことでもない。（尽十方界にあることを）梅梢に在りという。どうしてそれがわかるかというと眉毛策起が帯雪寒そのものと古仏が示されているからである。

先師古仏はいわれた、「本来の面目に生死はない。春は梅華の中に画図《がず》されている」と。春を描き出すのに楊や梅、桃や李を画くだけではいけない。まさに春を描き出さねばならない。楊梅桃李を描くのは、それぞれを描いているだけで未だ春を描き出すものではない。春は描けないというものではない。しかしながらインド・中国において、先師古仏の外に春を描いた人は見当らない。ただ先師古仏だけが春を描いた第一人者である。ここでいう春は完全に描き出された春である。（先師は）既に画図（実相の世界）の中に入っておられるから、他の力を借りる必要はない。ただ梅華がそのまま春を現成して自由に使っているので、これを画に入れ木に入れるだけで、いわばすばらしい手だてなのである。

先師古仏は正法眼蔵の眼が明々瞭々であるから、その正法眼蔵を過去現在未来三世十方にましますの仏祖に正伝しておられる。（全く同一眼である）だからこの眼睛を究明し尽されたので（雪裡梅華只一枝の世界を）開明されたのである。

このとき日本国仁治四年（一二四三）、十一月六日、越州吉田県吉峰寺にあって深雪三尺、大地漫漫。

以上のように四十四歳に入ると道元禅師の境涯は円熟の度を加えられ、四十五歳二月四日選述の「祖師西来意の巻」では、悟りを含めた一切の観念は全く無用であると説かれ、同じく二月十四日選述の「発菩提心の巻」では人の命の長さは一刹那であり、只人の為に尽すことが肝要であると主張し、更に二月二十九日選述の「自証三昧の巻」では本来の自己しかないと結論づけておられる。以下それぞれの巻に参じてみよう。

十、祖師西来意の巻

香厳寺《きょうげんじ》の襲燈《しゅうとう》大師（大潙《だいい》禅師の法嗣諱智閑）が大衆に向っていわれた、「人が千尺も高い樹の上によじ登って、しかも口に枝をくわえるだけで脚は樹を踏まず、手も枝につかまらない。その時樹の下に人がやって来て『真の仏道如何』と質問する。まさにその時口を開いて答えようとすれば忽ち死んでしまう。答えなければ相手に応じられない。さてその時どうしたらよいか」と。時に虎頭照《しょう》上座が出てきていった。

「樹の上ではなく、未だ樹に上らない時和尚はどのようにお答えになりましょうか」と。師は大声で笑った。

この公案に対してあれこれ理屈をいう者は多いが、ずばり答えられる者は稀である。恐らく皆茫然として対処しようがないであろう。しかし不思量《ふしりょう》の坐禅によって非思量《ひしりょう》の境界に達することができれば、自ずと香厳《きょうげん》和尚と同じ坐禅功夫をすることになるし、ひとたび香厳和尚と同じ境界に到れば、未だ香厳が口を開く前にこの因縁公案を明らかにすることができるであろう。そうすれば香厳老漢の境界をちょっと盗み見て観破するばかりでなく、釈尊の正法眼蔵をも観破することができるであろう。

人が千尺も高い樹によじ登った状態を静かに参究すべきである。この人はどんな人であろうか。（実は本来面目の人であるから）露柱でもなければ木のくいでもない。仏が微笑し迦葉祖師がにっこり笑う。そこには自分だの他人だのという分別はない。（本来面目の人）この人が今樹に上るのは大地でもなければ百尺竿頭でもない。ただ千尺の懸崖《けんがい》である。だからそこから落ちても、なおそこが千尺の懸崖の中である。落ちる時もあり上る時もある。（いずれも千尺の懸崖）これを「如人千尺懸崖裏上樹《にょにんせんじゃくけんがいりじょうじゅ》」という。よく知らねばならない。上る時もあるということを。そこで上ることがまさに千尺の懸崖であり、下ることが千尺の懸崖である。左側も千尺の懸崖、右側もまた千尺の懸崖、此処も千尺の懸崖、あそこも千尺の懸崖、人そのものが千尺の懸崖、樹に上るそのものが千尺の懸崖である。これまで述べてきた千尺とはこういうことである。それでは聞こう。千尺とはどの位の量であろうかと。その答えは古鏡《こきょう》の大きさであり、火爐《かろ》の大きさであり、無縫塔《むぼうとう》の大きさである。

口で樹枝をくわえる。さてその口とはどんなものであろうか。たとえ口のすべての働きがわからなくても、まずその口で枝を探り、葉を摘んで求めていけば、口の本体が明らかになるであろう。即ちくわえている樹枝《じゅし》が口となる。従って口ばかりの枝となり、枝ばかりの口となる。身すべてが口となり口だらけの身となる。また樹が自ら樹を踏む（樹ばかり）となるから樹を踏む脚はない。脚がただ脚を踏むだけとなる。枝ばかりでつかむ枝はない。だから枝をつかむ手はない。手が手をつかむだけとなる。しかし脚だって出たり入ったりするし握り拳が開いたり閉じたりもする。世間の人達は、ここは虚空《こくう》にぶら下がっているように思うであろう。しかし虚空にぶら下がるのは、樹枝を口でくわえるのには到底及ばない。（ただぶら下がる事実のみ）

樹の下に人がやってきて「真の仏道如何」と聞く。この樹の下に人が来るというのは、樹の中に人がいるというようなもので人と樹とは全く一つのものである。だから人の下に人がいて問うともいえるし、樹が樹に問うているとも、人が人に問うともいえる。樹に上って樹を問うている。西来意《せいらいい》が西来意を問うている。問う人が口に樹枝をくわえて問うている。そのように口に樹枝（西来意）をくわえなければ（西来意を）問うことはできない。精一杯の声ではない。すべてをいい切る口はきけない。真に西来意を問う時は、西来意をくわえて（成り切って）問うのである。

もし口を開いてその人に答えようとすれば忽ち死んでしまう。この、もし口を開いてその人に答えるということは、よくよく考えねばならない。口を開かずにその人に答えることもあるとも聞こえる。もしその時は死ぬことはないであろう。たとえ口を開くとか開かぬとかには関係なく、口で樹枝をくわえることは一向妨げない。開くとか開かぬとかはすべて口の問題ではない。勿論口が開いたり閉じたりはある。しかし枝をくわえるのは、どの口もやる日常のことである。開いたり閉じたりは口とは関係なくできる。口を開いてその人に答えるというのは、樹枝を開いてその人に答えよといっているのか、はたまた西来意を開いてその人に答えよといっているのか。もし西来意を開いてその人に答えるのでなければ、西来意を答えることはできない。否既に答える相手はいない。ただすべてこれわが身命である。身命を失う余地はない。もともとわが身がなければ答えるべき他人はいない。しかしながら香厳の心は「ただただ他に答えるだけだよ」ということである。即ちわが身命を捨てきるだけである。考えてごらん。他に答えないというのは、わが身命が惜しいからである。この状態で答えるというのは、わが身を捨てて真の我に復活することである。そして（復活してみると）今までわからなかったが、一人一人すべてこれ道の丸出しであり完全に他に答え自に答え、他に問い自に問うていることがわかる。口に道をくわえどおしである。口に道をくわえることは即ち口に枝をくわえることである。その人に答える時とは、口の上にさらに口を開く、即ち全身口に成り切ることである。相手に答えなければ相手の質問に応じられないといっているが、自分自身に問うところと違いはない。そこでよくよく知るべきは、西来意に答えてきたすべての仏祖方は、皆樹上にあって口に樹枝をくわえた（折羽つまった）時節に当面して（一切の分別を断ち切って）答えてこられた。また西来意を問うてきた一切の仏祖方は、皆樹上にあって口に樹枝をくわえた（切羽つまった）時節に何度も当面して（一切の分別を断ち切って）質問してこられたのである。

雪竇明覚重顕禅師《せっちょうみょうかくじゅうけん》はいわれた、

「樹上で答えるのは易しいが、一転樹下で答えるのは難しい。わしは樹の上にいる。さあ一問を持ってこい」と。今一問を持ってこいといわれるが、たとえ力の限りを尽して持ってきても、その問いは答えるよりもずっと後に出てきたものとなってしまう。（とっくに答えているから）さあ古今天下の老和尚方に聞こう。香厳の呵呵大笑は樹上の答えか樹下の答えか。西来意を答えたのか答えなかったのか仰言りなさい。よく点検致そう。

そのとき寛元二年（一二四四）二月四日、越前の深山のなかで衆に示す。

この巻は道元禅師の意図が難解なので、試みに私の「私解」を付記してみたい。

●私解　香厳上樹の公案を持ち出して、真の祖師西来意（仏道）とは何かを示しておられる。この公案は殆どの人がわからない。なぜか。それは理屈では到底歯が立たないからである。不思量《ふしりょう》の坐禅を重ねて非思量《ひしりょう》の境界に達した人のみが香厳和尚の真意がわかる。

その非思量の人は何時も千尺の懸崖裏にある。「口銜樹枝《くかんじゅし》、脚不踏樹《きゃくふとうじゅ》、手不攀枝《しゅふはんし》」の人こそ非思量の千尺懸崖裏の人である。「樹下忽有人《じゅげこつうにん》」というが、この人もまた千尺懸崖裏の人である。両者とも千尺懸崖裏の人である事実が祖師西来意（仏道）である。「若開口答他即喪身失命（もし口を開いて他に答うれば即ち喪身失命せん）」というが、開く口もなければ答える相手（他）もない。すべて千尺懸崖裏の人でとっくに喪身失命している。この事実がわかると忽ち翻身活命して「人人満口是道《にんにんまんくぜどう》（一人一人が道の丸出し）」ということがわかる。すべての仏祖方はこのような修行をしてきた。

最後に雪竇禅師は「樹上に道《い》うは易く、樹下に道うは難し」と我々に問題を提起してどう答えるかせまっている。これに答えられれば香厳和尚と同じく呵呵大笑することができる。これは道元禅師の我々への公案でもある。

十一、発菩提心の巻

おおよそ心には三種がある。一つは質多心《しったしん》、中国では慮知心《りょちしん》（慮知分別する心）。二つには汗栗多心《かりたしん》、中国では草木心《そうもくしん》（真実心）という。三つには矣栗多心《いりたしん》、中国では積聚精要《しゃくじゅしょうよう》心《しん》（物の中心、事の要点）という。この中で菩提心（悟りを求める心）を起こすには必ず慮知心を用いる。菩提とはインドの言葉を音写したもので、ここでは道と訳す。質多もインドの言葉の音写で、ここでは慮知心という。この慮知心（分別する心）でなければ菩提心を起こすことはできない。しかしこの慮知心（分別する心）がそのまま菩提心というのではない。この慮知心をもって菩提心を起こすのである。その菩提心を起こすというのは、自分が未だ生死の苦海を渡り彼岸に到る前に一切衆生を渡そうと願いを立てて、その実践に努めることである。たとえその姿形がみすぼらしいものであっても、この心を起せば直ちにその人は一切衆生の導師である。この心はもともとあるというのではなく、また新たににわかに起こるものでもない。菩提心は一心でも多心でもない。放っておいても自然にそうなるものでもなく、急にこり固まるものでもない。またわが身の中に菩提心があるというのでもなく、わが身がその心の中にあるというのでもない。この心は宇宙に偏満しているというのでもなく、前にもない後にもないというものでもない。また有るとか無いとか、自性だとか他性だとかいうこともできない。共有する本性というのでもなく、因なくして生ずる性でもない。だが自己と仏が互いに感じ合い通じ合うと忽ち菩提心が起こるのである。諸仏や菩薩から授けられるものでもなく自分の力で起こるものでもない。感応道交《かんのうどうこう》すると発心するものであるから、自然に起こるものでもない。この発菩提心《ほつぼだいしん》は人間が住む南閻浮州《なんえんぶしゅう》に生を受けた人々に起こるものである。（地獄・餓鬼等の）八難処《はちなんしょ》でも少しはあるが多くはない。この菩提心を起こして後に三阿僧祇劫《あそうぎこう》とか一百大劫とかの長い長い間修行し、あるいは量り知れない期間修行して初めて仏になる者もいる。あるいは無量劫《むりょうごう》の間修行して、衆生を先に彼岸に渡して、自らはついに仏にならない者もいる。ただひたすら衆生を渡し、衆生の利益《りやく》に身を捧げる者もいる。いずれによるかは菩薩の願いによるものである。

いったい菩提心とは、どうしたら一切衆生に菩提心を起こさせ、仏道に誘い案内させることができるかと、絶えず身口意《しんくい》の身心をめぐらして営むことである。ただいたずらに世間の欲楽を与えることが衆生を利益することではない。このような発心・修行・証りの実現は、はるかに迷悟の境界を超えており、欲界色界無色界の三界を飛び越えた働きで、すべてのものから飛び抜けている。到底声聞や辟支仏《びゃくしぶつ》のような小乗の徒の及ぶところではない。

迦葉菩薩は偈をもって釈迦牟尼仏をほめたたえて、次のようにいわれている。

「発心と仏境界の二つには区別がない。このように二つの心は差はないが発心の方が難しい。自ら未だ渡らざる先に他を渡す。それ故我は初発心に礼拝する。初めて道心を発する時既に天上人間界の師となっている。はるかに声聞や縁覚に勝っている。このような発心は三界を超えている。それ故最無上《さいむじょう》と名づけることができる」と。

発心とは、はじめて「自分は未だ渡らざる先に他を渡す」心を起こすことである。これを初発菩提心《しょほつぼだいしん》という。この心を起こしてから後に、さらに幾人もの諸仏に会いたてまつり、供養したてまつり、さらにまた仏に見《まみ》え法を聞き一層の菩提心を起こす。雪上にさらに霜を加えるように無限の修証が続くのである。そして究極は仏果菩提《ぶっかぼだい》に到るのである。この究極の悟り（阿耨多羅三藐三菩提《あのくたらさんみゃくさんぼだい》）と初発菩提心とを比べてみると、一切の世界を焼き尽す劫火と蛍の光程の違いがあるが、ひとたび「自未得度先度他《じみとくどせんどた》」の心を起こせば、この二つは全く区別がなくなる。法華経にも「常に自らこの念を作す。即ちいかにして衆生をして、無上道に入らしめ、速かに仏身を成就せしめん」と。これが即ち如来の寿命の働きの根本である。仏が発心し修行し仏果を証するに至るまでの生涯はすべてこのとおりである。衆生を利益するというのは、衆生をして「自未得度先度他《じみとくどせんどた》」の心を起こさせることである。

しかし衆生に「自未得度先度他」の心を起こさせた力によって自分が仏になろうと思ってはならない。たとえ仏になり得る功徳が熟して完成する時でも、なおその功徳をめぐらして、衆生が成仏し得道できるようにと願いを向けるべきである。この心はもともと自分のものでも他人のものでもなく、またどこから来たというものでもない。しかしこの心が起こってから後は、大地を取り上げれば大地全部が黄金となり、大海をかきまぜれば忽ち甘露となる。この発心の後は、土石砂礫《どせきしゃりゃく》を取り上げても、それは菩提心をひねり出すこととなり、また水沫や泡や焔に心を向けただけで菩提心を働かすこととなる。従って国城や妻子・七宝や男女・頭目や髄脳・身肉や手足等何を布施しても、それは皆菩提心が生き生きと働く姿となる。この慮知分別《りょちふんべつ》の心（質多慮知《しったりょち》）は、ここにあるあちらにあるというものではなく、自分のものとか他人のものとかいうものではないが、この心を以って「自未得度先度他」とは何かと思いめぐらして不退転ならば、必ず菩提心は起こるのである。

●私解　菩提心を起こすというのは、自分が未だ生死の苦海を渡り彼岸に到る前に一切衆生を渡そうと願いを立ててその実践に努めることである。そんなことはできるはずはないというのが凡人の考えである。そしてちょっと頭の良い人は、それは論理的に矛盾すると論ずる。自我に執われている即ち迷っている人間の理屈である。このような理屈が先行するので仏の正法が今日のように衰えてしまったのである。

道元禅師はいう、「菩提心とはどうしたら一切衆生に菩提心を起こさせ、仏道に誘い案内させることができるかと、たえず身口意の身心をめぐらして営むことであって、いたずらに世間の欲楽を与えることではない」と。「自未得度先度他《じみとくどせんどた》」こそ仏作仏行《ぶっさぶつぎょう》である。

従っていま一切衆生が、これは自分のものと執着している草木瓦礫・金銀珍宝を、菩提心にもよおされて施しをする。これまた発菩提心でなくて何であろう。そもそも心及び諸法は自性でも他性でも共性でもないから、もしこの一刹那に菩提心を起こすならば、すべてのものが菩提心を増長させる縁となる。およそ発心も得道も皆刹那刹那《せつなせつな》に生滅する姿である。もし一刹那のうちに生滅が無限に繰り返されるのでなければ、前の刹那の悪は消えることがない。前の刹那の悪が消えなければ後の刹那の善は生じようがない。この刹那がどんなものか、ただ如来のみがよく知っておられる。「一刹那の心がよく一語を発し、一刹那の語がよく一字を説く」といわれるがこれもまた如来のみが知るところで他の聖者はわからない。

そもそも一青年が一弾指《だんし》する間に六十五の刹那があり、その間に色受想行識の五蘊は生滅を繰り返すが凡夫は全くそれを知らずわからない。刹那が積もり積もってガンジス河の砂程の量になって初めて凡夫はやっとこれに気付く。我々が一日一夜を過す間には六十四億九万九千九百八十の刹那があって、五蘊はともに生滅を繰り返す。しかし凡夫は全くそれを認識しない。認識しないから菩提心も起こらない。仏法を知らずまた仏法を信じない者は、この刹那生滅の道理を信ずることはできない。もし如来の正法の真髄である涅槃妙心を明らめている人達は、必ずこの刹那生滅の道理を信じている。今我等は如来の聖教に会い奉ることを得て、明らかに悟っているように思うが、それはわずかにガンジス河の砂の数を見てこれを知ることから、刹那生滅の道理もそうであろうと信じているにすぎない。世尊の説き給うすべての法を明らかに知っているわけではない。それは実は刹那生滅を本当には知らないのと同じである。従って仏教を学ぶ者は、みだりに尊大になってはいけない。極小について知らないばかりでなく、極大についてもまた知らないのである。もし如来の道力によることができれば、衆生もまた三千世界を見ることができる。そもそもこの現象の世界から死んで中有の世界に入り、その中有の世界からこの現世に現われる間も、みな刹那刹那の生滅をくり返して移りゆくのである。これは自分の心によってではなく、業にひかれて転々と生死を繰り返すのであって、一刹那もとどまることはない。この流転生死を繰り返す身心のまま直ちに「自《じ》未《み》得《とく》度《ど》先《せん》度《ど》他《た》」の菩提心を起こすべきである。たとえ発菩提心すべき時に発心せず、この身心を惜しんでも生老病死は免れず、ついにこの身心を我が有《もの》とすることはできない。

衆生の寿命は生滅してとどまることがなくかつ速やかなることは次の物語の通りである。「世尊が在世の頃一人の比丘が仏の所に来訪し仏の両足を礼拝し、一方の席について世尊に申し上げた、『衆生の寿命はどのような早さで生滅するのでしょうか』と。仏いわく、『私が説いて聞かしても、とてもお前にはわかるまい』と。比丘はいった、『それでは譬喩をもってお示し頂けますか』と。仏いわく、『わかった。それではお前に説いて聞かせよう。譬えばここに四人の弓の名手がいたとしよう。それぞれが弓矢を取り互いに背中合せで立って集まり、四方に矢を射ようとした。そこへ一人の足の速い男が来て、〈あなた方は今同時に矢を射ようとしているが、私はその矢をすべて取って地に落さないようにします〉といったら、この男は早いと思うかどうか』と。比丘は仏に申し上げた、『世尊よ。それは早いと思います』と。仏いわく、『この男が早くても地行夜叉《ちぎょうやしゃ》には及ばない。また地行夜叉は早いといっても空行夜叉《くうぎょうやしゃ》には及ばない。また空行夜叉は早いといっても四天王《してんのう》の早さには及ばない。しかし彼の天の早さは日輪月輪の早さには及ばない。日輪月輪の早さは堅行《けんぎょう》天子の早さには及ばない。この天子は日輪月輪の車を引く者だからである。このようにこれらの諸天は次々と早く転ずるが、寿命の生滅はそれよりもなお早い。刹那に流転して暫時《ざんじ》もとどまることはない』と。

我々の寿命が生滅して刹那に流転するその早さは、まさにこのとおりである。仏道の行者は一念たりともこの道理を忘れてはならない。この刹那に生滅して流転する早さの中にあっても、もし「自未得度先度他《じみとくどせんどた》」の一念を起こすならば、かの如来の永遠の命が忽ち眼の前に顕わになってくる。そして過去・現在・未来の三世にわたる十方世界の諸仏ならびに過去七仏と世尊、およびインド二十八祖、中国の六祖乃至《ないし》仏の正法眼蔵たる涅槃妙心を伝えてきた祖師方は皆いずれも菩提心を護持してきたことがわかる。従って未だ菩提心を起さないのは決して祖師ではない。

●私解　菩提心を起こし仏道を成就する自分とはどんな存在か。それは刹那刹那《せつなせつな》に生滅する姿である。道元禅師は我々に示された。「もし一刹那のうちに生滅が無限に繰り返されるのでなければ、前の刹那の悪は消えることはない。前の刹那の悪が消えなければ後の刹那の善は生じようがない」と。

この刹那《せつな》生滅《しょうめつ》の事実を知る人を仏という。従って本来自己と呼ぶべきカタマリはない。それ故一念を起こすとすれば「自未得度先度他」しかない。即ち他きりしかないのでこの永遠の命に自分と思っている命を捧げ尽くす外はないのである。もっと端的にいえば、未得度《みとくど》の自他を度する外はない。これを発菩提心という。

禅苑清規一百二十問にいわく、「菩提心を発悟《ほつご》したかどうか（発悟菩提心否）」と。明らかにわかることとは、仏祖の学道は必ず菩提心を起こし、これに気付くことを第一としてきた。これこそ仏祖の常法である。発悟するというのは、はっきり知ることである。これは仏の大いなる覚《さと》りというものではない。たとえ菩薩の十地（四十一位から五十位までの境地）を一気に証《さと》っても未だ菩薩の段階である。インドの二十八祖、中国の六祖及び諸々の大祖師達も、なおこれ菩薩の段階であって仏ではない。また声聞や縁覚等でもない。今の世にあって仏道を学ぶ者達は、菩薩であって声聞ではないということを明らかに知っている者は一人もいない。ただみだりに自らを衲僧あるいは衲子と称して、その本当のところを知らないからいい加減となっている。世も末になって祖道もすたれてしまったことは、まことにあわれなことである。従ってたとえ在家でも出家でも、あるいは天上界でも人間界でも、また苦しかろうと楽であろうと、ともかくも早く「自未得度先度他《じみとくどせんどた》」の心を起こすべきである。衆生の世界が限りがあろうとなかろうと関係なく「まず一切衆生を度す」という心を起こすのである。これが即ち菩提心である。次の生で仏となる菩薩（一生補処の菩薩＝弥勒菩薩）がまさにこの人間界に降ろうとする時、兜卒天の神々のために次の最後の教えを述べておられる、「菩提心は是れ法の明らかな門である。三宝を絶つことがないから」と。明確に知るべきは、三宝が絶えることがないのは、人々が菩提を求めようとする心の力によるということである。菩提心を起こしてから後は、それを固く守り退転がないようにしなければならない。

仏がいわれた、「菩薩はどのようにして一事を守るのであろうか。その一事とは菩提心のことである。菩薩方が常に勤めてこの菩提心を守るのは、あたかも世間の人々が一子を守るようなものである。また片目の人がもう一つの目を大切にするようなものである。あるいは曠野を行く者が先導者を大事にするようなものである。菩薩が菩提心を守るのもまたそのとおりである。このように菩提心を大切に守るからこそ究極の悟りを得ることになる。こうして究極の悟りを得るからこそ、常楽《じょうらく》我浄《がじょう》の四徳が備わる。これこそ無上の完全な涅槃である。それ故菩薩はこの一法を護るのである」

菩提心を守ることについて、仏の言葉はこのように明瞭である。よく守って退転しないようにするのは、世の常にも「たとえ実がなってもなかなか熟し難いものが三種ある」といわれるからである。即ち魚の卵、マンゴーの実、発心の菩薩である。多くは退転失念してしまう場合が多いのである。自分もそうなるのではないかと、かねてから恐れるのである。だからこそ菩提心を守るのである。菩薩の初心の頃、菩提心から退転してしまうのは、多くは正師に会わないためである。正師に会わなければ正法を聞くことができず、正法を聞かなければ恐らくは因果を無視し、解脱を否定し、三宝を無視し、三世の事柄も否定することとなる。そして徒らに眼の前の五欲に執着して将来得べき菩提の功徳を失ってしまう。あるいは天魔である波旬《はじゅん》等が修行者を妨害しようとして、仏の姿に身を変じあるいは父母師匠乃至親族や天神等の姿を現じて近づいてきて、菩薩に向って造り話を以って言葉巧みに誘って次のようにいう。

「仏道は長く遠い道のりである。長い間さまざまな苦しみを受けることは最も辛いことである。だからまず自分自身が迷いの生死を解脱して、その後衆生を救うことの方が良い」

修行者はこのような物語を聞いて菩提心から退き菩薩の行を止めてしまう。まさに知るべきは、このような誘いはこれ悪魔の説である。菩薩はそこをはっきり見抜いて従ってはならない。ただひたすら「自未得度先度他《じみとくどせんどた》」を行ぜんとする願いを退転すべきではない。この「自未得度先度他」の行願に背くことはこれ悪魔の説、外道の説、悪友の説ということを知って、決して従ってはならない。

魔には四つの種類がある。一は煩悩魔《ぼんのうま》、二は五衆魔《ごしゅま》、三は死魔《しま》、四は天子魔《てんしま》である。煩悩魔はいわゆる百八の煩悩等であり、これを分けると八万四千の沢山の煩悩となる。五衆魔とは煩悩が生ずるように相互に作用し和合し合う因と縁で、是の身は四大（地水火風）及び四大からできたもの（四大造色）あるいは眼根等の対象物でこれを色衆《しきしゅ》という。また百八の煩悩等もろもろの感受したものの和合を受衆《じゅしゅ》という。次に大小無量の所有の思い分別の和合したものを想衆《そうしゅ》と名づける。好いとか醜いとかの心が起ることで、むさぼりや怒り等の心が互いに応じたり反発したりする。これを行衆《ぎょうしゅ》と名づける。眼耳鼻舌身意の六情と色声香味触法の六塵が和合して眼識耳識等の六識が生ずる。この六識が分別したり和合して数限りない心が生ずる。これを識衆《しきしゅ》という。死魔とは無常の因縁によって、今まで続いていた色受想行識の寿命が破れ、識・熱・寿の三つのものがばらばらになることをいう。天子魔とは、欲界の主として深く世の楽しみに執着し、何かを所有したいという目的から邪見を起こし、すべての賢人聖人等の語る涅槃の教えを憎みねたむ。これを天子魔という。魔はこれインドの言葉である。中国では能奪命者《のうだつみょうしゃ》（よく命を奪うもの）という。死魔はまさしく命を奪うものであるが、その外の魔も亦命を奪う因縁となる。例えば智慧が命を奪う。故に殺者と名づける。問うていわく、「四種魔の一つである五衆魔の中に他の三種魔が含まれている。それなのになぜ四つの魔を説くのか」と。答えていわく、「まことはただ一つの魔であり、他の三つの因縁となっている。その意義を分けると四つの魔となる」と。

以上は龍樹《りゅうじゅ》尊者の教えである。修行者はよく弁えて勤め学ぶべきである。いたずらに、自我の悪魔はからいに惑乱されて、菩提心を退転するようなことがあってはならない。これこそ菩提心を守る（守護菩提心）ということである。

●私解　一度「自未得度先度他《じみとくどせんどた》」の菩提心を起こしたら、これを退転させないように努めなければならない。我々はともすると、退転失念してしまうことが多い。それは実は正師に会わず、その正師から正法を聞かないからである。そしてつい次のような悪魔の誘いに耳を傾けてしまう。すなわち、
「仏道は長く遠い道のりである。長い間さまざまな苦しみを受けることは最も辛いことである。だからまず自分自身が迷いの生死を解脱して、その後衆生を救うことの方が良い」と。

我々にとりまことに耳ざわりのよい、そして論理的にもまことに尤もらしい話である。だから道元禅師はいわれる、

「いたずらに自我の悪魔のはからいに惑乱されて、菩提心が退転するようなことがあってはならない。これこそ守護菩提心である」と。

そのとき寛元二年（一二四四）二月十四日、越州吉田県、吉峰精舎に在って衆に示す。

十二、自証三昧の巻

はるか昔の諸仏や過去七仏から代々の仏祖方が綿々と正しく伝えてきた中味は、すなわち自証三昧《じしょうざんまい》（本来の自己ばかり）の事実である。この事実はあるいは善知識に従い、あるいは経巻に従うことで明らかとなる。（一度明らかになると）これこそ仏祖の眼睛《がんぜい》（本質）であることがわかる。そこで曹渓《そうけい》の慧能《えのう》古仏が僧に問うた、「一体修行や証《さと》りは必要かどうか」と。僧は答えた、「修行や証りがないわけではありませんが、もともとけがれはございません」という問答が可能となる。

そこでよくよく知るべきである。けがれのない修行や証りこそ仏祖なのである。仏祖三昧の事実は、いなずまや雷のように蔵す処なく現われ、「あるいは知識に従う」まさにその時、自己ばかりという半面に相見《しょうけん》したり、あるいは知識ばかりという半身に相見する。あるいは知識を呑んで我一人という全面に相見しあるいは我無くして知識ばかりという全身に相見する。時には知識と一体となった自《じ》と相見しあるいは他《た》（知識）と相見する。証《しょう》という神《かみ》の頭の毛にふれたかと思うと修《しゅ》という鬼《おに》の角に遭遇する（証即修、修即証）。類が違う者同士が集まって知識に従って参集したかと思うと、同じ仲間でも各々師を求めて散っていく。このようにいろいろのやり方で、人々は法のために身を捨て、あるいは身のために法を求めて幾千万回、幾億百劫の長い間努力してきた。これこそ「あるいは善知識に従う」活きた有様であり、全自己に参じ従う消息である。だからこそ、釈尊の瞬目《しゅんもく》に相見した迦葉《かしょう》が破顔でき、慧可が達磨の髄を得て礼拝したまさにその時慧可は断臂《だんぴ》したのである。七仏の頃から六祖に至る間に、自他を超えた本来の自己を徹見した知識は、その数一人や二人ではない。また昔とか今とかの時間を超えている。

「あるいは経巻に従う」とは自己を徹底参究してついに自己を忘却することで、その時は霊雲《れいうん》和尚のように桃の華と眼睛《がんぜい》（眼玉＝本質）が一つとなる事実が飛び出してきて、全宇宙即我となってしまう。また香厳《きょうげん》和尚のように耳と撃竹の声とが一つとなり、雷の鳴り響くようにカチーンの事実だけとなる。即ち経巻に従って学んでいくうちに、真の経巻が飛び出してくる。その真の経巻とは、全宇宙であり山河大地であり、草木自他であり、喫飯著衣であり、ちょっとした心の働きであり立居振舞である。その一つ一つの経典に従って真の仏道如何と学んでいくと、未だかつて聞いたこともない経巻が幾千万巻と眼の前に現われてくる。諸法実相《しょほうじっそう》という字句が眼の前に現われたかと思うと諸法皆空《しょほうかいくう》の偈がはっきりと現われる。このような事実を体験しながら全身心を挙して参学するのに、気の遠くなるような時間を費しまたこれからも限り無く続くと思うが、やがて必ず仏法の理に通じ、悟道に到達する。我が身を放り出して専心参学することが限り無い時間続き、かつ今後も続けていかねばならないと思われても、必ず（真の経巻を）受持読誦《じゅじどくじゅ》する功《こう》に到る。

いま西天《さいてん》（インド）の経文を東土《とうど》（中国）の漢文の経典に翻訳されたものは五千巻にも足りない。これに三乗（声聞乗・縁覚乗・菩薩乗）五乗（三乗に人・天の二乗を加える）九部・十二部がある。これ等は皆学ぶべき経典である。従うまいと避けようとしても、とても回避できない。だからこそこれらの経本が仏法の眼目となり真髄となってきたのである。それは首尾一貫したものであり徹頭徹尾正しいものである。それらは一見すると、他から受けこれを他に授けるように思われるが、ただ仏道の活三昧《かつざんまい》であり自他の壁はない。ただ仏法の真髄を師から弟子へと受け継いできたもので、自他の区別を透脱している。仏道の真髄は自でもなく他でもない。仏祖は昔から、このとおり正伝しており、今もこのとおり丸出しと伝えている。拄杖も経巻であり縦横無尽に説いて、空の見解を打ち破り有の思想を打破してきた。払子も経巻であり、分別妄想をきれいに清め尽してきた。坐禅の一炷《ちゅう》・二炷、袈裟の一肩《けん》・十肩も経巻であり、これらは仏祖方が守護し護持してきた。このように経巻に従って修行し・悟り・道を得てきた。あるいは天人となり人間となり、日面《にちめん》仏月面仏《ぶつがちめんぶつ》となって、経巻に従って種々の功夫が現成してくるのである。

しかしながら、知識に従い経巻に従うといっても、所詮《しょせん》は皆これ自己（本来の自己）に従うということである。経巻とは自経巻（自分自身）であり、知識とは自知識（自分自身）のことであるから、知識を尋ねて遍参することは、実は本来の自己に参ずることなのである。百草を拈ずる（沢山の経歴を積む）ことは自己を拈ずることであり、万木を拈ずる（多くの知識公案を拈ずる）ことは自己を拈ずることに外ならない。自己は必ずこのように功夫し参学すべきもので、この参学を続けるうちに、自己を忘じ（大死一番《だいしいちばん》）本来の自己に出合う（大活現成《だいかつげんじょう》）こととなる。このように仏祖の大道は、自己本来の面目を実証し、乾坤大地一箇の自己と証悟するのが仏家のなくてはならない家具調度であって、この事実は正しく伝わった仏祖でなければ保持できない師匠から弟子へと面授された調度品である。それも仏祖の骨髄《こつずい》に目覚めた者でなければ正伝することはできない。このように参学してきたものであるから、それを人に伝受する時は、達磨大師が慧可に告げたように、「汝吾が髄を得たり」という附嘱《ふぞく》が必要であり、また世尊が迦葉にいわれたように「吾に正法眼蔵有り、摩訶迦葉に附嘱す」という証明が必要である。為説《いせつ》（人のために説く）といっても自他にかかわるものではない。（本来自他はないので）他のために説くことは、そのまま自のために説いているのであり、自己と自己（他）が同じく参じて同時に聞きかつ説いているのである。（六根は一つであるから）聞く時は聞くっきり、説く時は説くっきり、眼・耳・鼻・舌・身・意の六根もその外境（六境六識）もすべてこのとおりである。さらに身きり心きりが証ったり修行したりしているのであって、その時も耳きりの聞説《もんせつ》であり、舌きりの聞説である。昨日は人のために不常法《ふじょうほう》（無情の法）を説いたかと思うと、今日は自らのために常住の法を説く。このように、ああいったりこういったりと月日を重ねて絶えることがない。他のために法を説くことが自分自身法を修行することであり、このように生々をつくして法を聞き、法を明らめ、法を証していくのである。今生《こんじょう》においても他のために真心こめて法を説くことが、自分自身法を得易くなるのである。あるいは他人が法を聞くように手助けしすすめることが、自ら法を学ぶ縁を得ることとなる。その縁を身の中にも心の中にも得ることとなる。もし人の聞法を妨げるようなことをすれば、自らの聞法が妨げられる結果となる。生々をつくしてこの身心に法を説き法を聞くことを、幾世にもわたって続けてきている。前世以来正伝してきた法をさらに今生においても聞いているのである。我々はこの法の中で生まれ、この法の中で滅しているが故に、全宇宙即われという法を正伝し続けている。この法を生れ代り生れ代り聞き、この身に修し続けている。さらに生れ代り生れ代りしてこの法を現成させ、この身に法を成就せしめている。従って一塵も法界も共にこれわが身心と拈じ来ってこの法を証明している。だから東辺で一句を聞いたら、西辺でその一句を一人のために説く。だがこれもただ一自己の働きであるから、聞くことも説くことも全く一つの功夫であり、東の自己も西の自己も同時に修証しているのである。何としても、仏法祖道を自分の身心に近づけ一つとなって実行することを喜び、望み、志すべきである。一時よりも一日に及び乃至一年さらには一生のいとなみとすべきである。仏法を全身心で受用し精進していき、生々を尽して常に念頭から離さないようにするのである。

それなのに未だ自分が法を明らかにしていなければ人のために説いてはならないと思う必要はない。法が明らかになるまで待つというのでは永久に実現するものではない。たとえ人間界の仏を悟っても、天上界の仏の境界を知ることが必要である。たとえ山の心を明らめることができても、さらに水の心を明らめなければならない。たとえ因縁によって生ずる諸法の実相を明らめ得ても、さらに不落因果の法を知り尽さねばならない。またたとえ仏祖の境涯を明らめても、仏祖を超えた境涯を明らめなければならない。こうしたことをこの一生のうちに明らめ終って後に人のために説こうと思うのは、仏道を功夫しているとはいえないし、大丈夫の漢とはいえないし、また真の参学ではない。

おおよそ仏祖の道を学ぶというのは、一つの教法一つの作法を参学したら、忽ち人のために尽くすという利他の願行が天を衝くようにでてくるものである。そうすることによって、自他の壁が無くなっていくのである。さらに自分の修行に徹底すれば同時に他の為の修行も徹底することになる。他の為の修行が徹底すれば、それにより自己の参究が徹底するのである。こうした仏法の流儀は、たとえ生まれながらの知があっても、師の教えを受けなければ体達することはできない。生まれながらの知も正しい師匠に遇わなければ、生まれないうちから得られた知もしらず、生まれてみなければわからない知もわからない。たとえ生まれながらの知があっても、そのままで仏祖の大道を知ることはできない。学んで初めて知ることができるのである。自己を体得し他己を体得して達することは仏祖の大道である。ただまさに自らの初発心を回向して、他者の初発心の参学に参加して共に学ぶべきである。初発心の時から自他共に参学していけば、ついには究極の境地に共に到ることができる。自らの修行を功夫するように、他人にも功夫をすすめるべきである。しかるにこの道は自証自悟すべきものと聞いて、愚な者は、師から伝授さるべきではない、自ら学ぶべきものだと思う。これは大きな誤りである。自分の思量分別だけで理解すべきものと誤って思い、師から教えを受けないのは、インドの天然外道と同じである。このことをわきまえない者がどうして仏道者といえようか。いわんや自ら証るという言葉を聞いて、それは色・受・想・行・識の五蘊の統合された人間が、自力でなしとげるものと思うのは、小乗でいう自力調御《じりきちょうご》と同じである。大乗・小乗の区別さえわきまえないやからの中には、自ら仏祖の児孫と主張する者が多い。しかし、明眼の人は決して瞞されるものではない。

大宋国の紹興年間（一一三一～六二）径山に大慧禅師宗杲《そうこう》という人がいた。もともと経典や論書の学者であった。諸方を歴訪しているうちに、宣州の端竹紹理《はちくしょうてい》禅師に従い、雲門の拈古や雪竇の頌古・拈古などを学んだ。それがこの道に入った初めである。しかし雲門の禅風を理解できず、ついに洞山の道微《どうび》和尚（芙蓉道楷の法嗣）に参じた。しかし道微は決して法の奥義は許さなかった。道微和尚は芙蓉道楷和尚の法嗣である。いたずらに末席につらなる人と並べていうべき人ではない。宗杲禅師はやや久しく参学したが、道微和尚の皮肉骨髄を得ることはできなかった。いわんや六塵（六根の対境）がそのまま仏祖の眼睛（真の仏道）であることは知る由もなかった。ある時仏祖の道に臂香嗣書《ひこうししょ》（臂に香をたいて求法の志を現わし嗣書を求める）の法があると聞いて、その嗣書の法をしきりに道微和尚に乞うたが、和尚はこれを許さなかった。ついに和尚はいった、

「お前は嗣法したいと思うならば、決してあわててはならない。まず修行に専念して勤め学ばねばならない。仏祖の嗣法は軽々しくするものではない。わしは授けるのを惜しむわけではないが、お前は未だ本当の眼を備えていないからである」と。その時宗杲はいった、「正しい眼はもともと具わっているものであって、自ら証し自ら悟るべきものであります。どうして軽々しく授けないということがありましょうか」と。和尚はただ笑うばかりで、何もいわなかった。

後に湛堂文準和尚に参じた。湛堂はある日宗杲に問うた、「お前の鼻孔（本来の面目）はどうして今日は半分しかないのか」宗杲はいった、「宝峰山（湛堂の住山）にあります（半分は貴君のところに預けてあります）」と。湛堂はいった、「いい加減なことをいうな」

また宗杲が経典を見ていると湛堂は問うた、「何の経を読んでいるのか」と。宗杲いわく、「金剛経です」と。湛堂いわく、「この法は平等にして高下《こうげ》有ること無し。什麽として か雲居山は高く、玄峰山は低いのか」と。宗杲いわく、「この法は平等にして高下はないからです」と。湛堂いわく、「お前は口先だけの奴だな！」

またある日湛堂が冥土を司る十王の像を彩色し直して粧《よそお》い飾るのを見て、宗杲上座に問う、「この十王の役人の姓は何か」と。宗杲曰く、「姓は梁（湛堂のこと）」と。湛堂は自分の手で頭を撫でながらいった、「姓が梁というのに、わしの頭に頭巾がないのはどうしてか」宗杲曰く、「頭巾はなくても鼻はよく似ております（本来の面目は同じ）」と。湛堂曰く、「いい加減な坊主め！」

湛堂はある日宗杲に問うていった、「宗杲上座よ。お前はこのわしの禅を一度に理解してしまった。お前に説かせたらよく説くことができる。お前に参学させたらそれもできる。お前に頌古《じゅこ》・拈古《ねんこ》・小参《しょうさん》・普説《ふせつ》・請益《しんえき》させれば、これもまたよくなし得る。ただこの一

つだけお前にできないことがあるが、お前はそれを知っているかどうか」と。宗杲はいった、

「何が未だできないのでしょうか」と。湛堂はいった、「お前はただこの一つだけができない。それは囫地一下《かちいちげ》という大悟である。お前にこの一下がないので、わしが方丈にいてお前に説く時はお前に禅があるが、お前が方丈を出るや否やなくなってしまう。はっきりと目覚めて思量する時は、お前に禅はあるが、わずかでも睡ればなくなってしまう。こんなことではどうして生死問題に立ち向かうことができよう」と。宗杲はいった、「それこそ私の疑問の点です」と。

その後何年か経って湛堂が病気になった。宗杲は問うていった、「和尚百年の後、宗杲は誰について此の一大事を究明したらよいのでしょうか」と。湛堂は頼むようにいわれた、「勤巴子《ごんはす》（円悟克勤《えんごこくごん》）という人がいる。わしは未だ彼を識らない。しかしお前がこの人に見《まみ》えたら、必ずこの大事を成就することができよう。そしてこの人に見《まみ》えたら、決して他を尋ねてはいけない。そうすれば後に必ず参禅の目的を達することができよう」と。

この一連の物語を点検してみると、湛堂は未だ宗杲を許していない。たびたび仏知見《ぶっちけん》を開かせようとしたが、ついにこの一つの事だけを欠いていた。そしてこの一事を補おうという勇猛心も欠けていたのでついに脱落することができなかった。以前道微和尚は嗣書を

宗杲に許さず「お前は未だ未熟である」と励ました。道微和尚の弟子の機根を洞察する眼の確かなことが信頼される。宗杲が「それこそまさに私の疑問とするところです」といったが、この問題を参究しようとせず、従って脱落もできず、打破することも、大疑を起こして疑いになり切って自己を忘ずることもなかった。それでいて以前道微和尚に嗣書を請うているが、それはまことに軽卒な参学であり、無道心の至りであり、稽子《けいこ》の心を甚だ欠く無遠慮な行為であり、仏道の根機の無い学にうとい者といわなければならない。ただ名利を貪ることによって仏祖の奥儀を犯そうとする者でまことにあわれなそして仏祖の語句にうとい者である。稽古（古《いにしえ》を稽《かんが》みて励《はげ》む）が自証であることを知らず、万世にわたって求め歩くことが自悟であることを聞かず参学せず、ただ突然と現われるのが自証自悟と思う不是があり、このような錯りに自ら落ちてしまっている。このような有様であるから、宗杲禅師の門下には一箇半箇の真の人物はおらず、多くは程度の低い人物ばかりである。仏法を理解せず、まして理解を超えることをしようとも思わないと、このような有様となる。今日の雲水は必ず審細に参学して怠るようなことがあってはならない。

ところで宗杲は湛堂の嘱命により、湛堂示寂後円悟禅師を京師の天寧寺《てんねいじ》に尋ね参じた。円悟がある日法堂に上って説法をした時宗杲は大いに悟るところがあり、その悟りを円悟に呈した。円悟はいった「未だ不十分である。お前はこれで良いと思っているようだが、真実の仏法は未だわかっていない」と。またある日円悟が上堂し、五祖法演和尚の「有句無句の語」を取り上げて説いた。宗杲はそれを聞いて言下に大安楽の法を得たと思い、その見解を円悟に呈した。円悟は笑っていった、

「わしはお前にうそはつけない（未だ不十分）」

以上は宗杲禅師が後に円悟に参ずるようになった因縁である。円悟の許では宗杲は書記に当てられていた。しかしこの前後に別に新たな境地を得たとも思えない。自ら法堂に上って大衆に説法した時も、自分が得た境地を述べていない。記録者は「大悟した」といい「大安楽の法を得た」と記してはいるけれども、さほどのことはない。重要視することはない。ただ参学中に生じたにすぎない。円悟禅師は古仏である。多くの祖師の中でも最もすぐれた方である。黄檗より後、円悟のようなすぐれた長老は未だ現われていない。この世だけでなく他の世界でも稀な古仏である。しかしこの人物を知る者は稀である。まことにあわれな娑婆世界である。今円悟古仏の説法を通じて、宗杲上座を点検してみると、師に及ぶ程の智もなく、師と肩を並べる智もない。いかにいわんや師よりもすぐれた智など夢にも見ることはできない。このようなわけで、宗杲禅師は師の半徳を減ずる程の才にも及ばない。ただわずかに「華厳経《けごんきょう》」や「楞厳経《りょうごんきょう》」などの言葉を暗誦して、その意味を伝えるだけにすぎない。未だ仏祖の骨髄を得ているとはいえない。宗杲の考えによれば、大

小の隠者仙人達がやっと草木に依りかかる精霊にひかれて保持している見解を仏法と思っているだけである。これを仏法と思っているだけでも、仏祖の大道を未だ参究していないことがわかるではないか。円悟に参じた後は、他に行脚して善知識を尋ねることもしていない。にもかかわらず大寺院の住持として雲水の頭となっている。残された語句を見ても、未だ大法のほとりにも至っていない。それなのによく知らない連中は、宗杲禅師を昔の仏祖にも恥じない人物だと思っている。よく知っている者は本当はわかっていないと決定している。ついに大法を明らめず、いたずらに口やかましく、しゃべるだけである。そのようなわけで明らかにわかることは、洞山の道微禅師は後から考えてみると、極めて正しかったことが明らかである。宗杲禅師に参学した連中は、末代まで道微和尚をそねみ、ねたんで未だ断えないのである。道微和尚は宗杲をただ許さないだけであった。湛堂準和尚が許さなかったのは道微和尚よりもさらに厳しかった。まみえる度毎に相手の誤りを指摘しておられた。しかし湛堂和尚をねたむ者はいなかった。それからみると、今も昔も道微和尚をねたむのはどれ程恥ずべきことか知っているのであろうか。

一体大宋国には、仏祖の児孫と自称する者が多いけれども、真実の仏法を学んだ者は少ない。従って真実を教える者も少ない。そのことは宗杲の因縁によってもわかるであろう。紹興《しょうこう》年間の頃ですらこのような状態であった。今はその頃よりもなお劣っている。譬えようもなくひどい状態である。今は仏祖の大道はどんなものであるかさえ知らない者達が雲水の指導者となっている。

よく知るべきは、仏祖から仏祖へとインドから中国へと正しく受け継がれてきた仏道は、青原行思の系統が正統である。青原の後には洞山良价が自ら正伝している。その他の系統の長老達は全く知るところではない。知っているのは洞山の系統の児孫であって、その名声は雲水達に伝わっている。宗杲禅師は生前自証自悟の真の言句を知らず、まして況んやその他の公案に参徹するはずはない。さらに宗杲禅師より後進の者がどうして自証の言葉を知ることができよう。従って仏祖方の語られたいろいろの言葉には、必ず仏祖の身心が現われており、仏祖の眼睛が露呈している。まさに仏祖の骨髄であるから、凡庸《ぼんよう》な者が皮を得るような浅薄なものではない。

そのとき寛元二年（一二四四）二月二十九日、越宇吉峰精舎に在って、衆に示す。

この巻についても道元禅師の意図を明確にするため、私の「私解」の要点を付記することとする。

●私解　自証三昧とは、はるか昔の諸仏や過去七仏から代々の祖師方が綿々と正しく伝えてきた「本来の自己ばかり」という事実をいう。この事実はあるいは善知識に従いあるいは経巻に従って明らかとなる。

あるいは善知識に従いあるいは経巻に従うということは、要は自己を徹底究明してついに自己を忘却することでこの体験が必須である。その実例が霊雲和尚であり香厳和尚である。

知識に従い経巻に従うといっても、所詮は皆これ自己（本来の自己）に従うということで、この自己への参学を続けていくうちに、自己を忘じ本来の自己に出合う（大死一番大活現成）こととなる。即ち乾坤大地一箇の我と証悟するのが仏家になくてはならない調度品である。この事実は正しく伝わった仏祖でなければ保持できない。だからどうしても師匠から弟子への面授が不可欠である。達磨大師の慧可大師への「汝吾が髄を得たり」の附嘱、世尊の迦葉への「吾に正法眼蔵有り、摩訶迦葉に付嘱す」の証明が必要である。我々の参禅もこのとおりで、正師について専心自己を究明し「真の自己」に目覚めるという体験を経て正師の証明を得ることが不可欠である。

●私解　それでは自分は未だ法を明らかにしていないから人のために説いてはならないと思う必要はない。法が明らかになるまで待つというのでは永久に実現しない。一法一儀を参学したら人のために尽すという利他の願行が天を衝くように出てくるものである。これにより自他の壁が次第になくなっていく。さらに自分の修行に徹底すれば同時に他の為の修行も徹底する。これが仏法の流儀である。

しかし一方大宋国紹興年間（一一三一〜六三）に現われた大慧宗杲《だいえそうこう》禅師は、洞山道微《とうざんどうび》和尚、湛堂文準《たんどうぶんじゅん》和尚、円悟克勤《えんごこくごん》禅師の三長老に参じながら、ついに仏祖の大道に達することはできなかった。それは囫地一下《かちいちげ》という大悟の体験が無かったからである。こんな状態で仏道を挙揚しても、その弟子達は結局本物ではない者ばかりとなってしまった。この実例を見ると、我々も真実の参禅に励み、囫地一下の体験をして、正師の印証を受けなければ、真の仏道を挙揚することはできないことも銘記すべきである。

以上「正法眼蔵」の主要な巻の考察で見るように、道元禅師が「正法眼蔵」と題して、仏道の本質の何たるかを詳細に説かれたのは、四十五歳頃迄で、その主張も境涯の円熟と相まって、次第に説くべき法はもともと無かったという世界に入っていかれたものと思われる。

第三章　道元禅師が伝えたかった心

一、参禅は大悟の体験が必須であること

道元禅師が出家して十四、五歳の頃、最初に持った大疑団は、

「本来本法性《ほんらいほんぽうしょう》、天然自性《てんねんじしょう》心《しん》ならば、什麼としてか三世諸仏、発心し成道するや」（我々はもともと仏であるのに、どうして三世諸仏は発心して悟りを開く必要があるのか）であった。しかし当時の叡山の高徳達は誰一人はっきりした答えを出す人はいなかった。そこで三井寺の公胤僧正の指示で、建仁寺の栄西禅師に参問したところ、栄西禅師は南泉普願禅師の語を引用して、

「三世の諸仏有ることを知らず、狸奴白狐《りぬびゃっこ》却って有ることを知る」（三世諸仏は、そんなことは全くご存じない。猫や牛のような奴が悩むだけじゃ！）

と即座に言明された。この語を聞いた途端、道元禅師は、

「某甲《それがし》忽然として省す」

と納得することができた。爾来道元禅師は、栄西禅師及び禅師の逝去後は、その跡を継がれた明全和尚に師事して参禅を続け、一二二一年（二十二歳の時）明全和尚の印可を受けて嗣法者となった。

しかしこれで満足されなかった道元禅師は一二二三年（二十四歳の時）明全和尚と共に大宋国に渡り、一二二五年（二十六歳の時）遂に大宋国における最後の明眼の祖師といわれる天童山の如浄禅師に相見し、ここで、

「身心脱落、脱落身心」

の大悟の体験を得て、心底からの大安心の境地を手にすることができた。

この体験こそ道元禅師の参禅の原点であるが、更に二年間刻苦勉励を続け、あらゆる疑問を如浄禅師に呈して解決するとともに、自身の大悟の世界の人格化に努められている。この様子をつぶさに観察された如浄禅師は、遂に一二二七年（道元二十八歳の時）道元禅師に印可証明を与え、釈尊より第五十一代目の祖師として許された。

一二二七年八月、二十八歳で日本に帰国した道元禅師は、当時の日本の人心の荒廃ぶりに落胆するが、それを立て直す根本的な方法として人々に坐禅を勧めるための「普勧坐禅儀」を選

述され、自らはしばらく聖胎長養のため深草の安養院で「正法眼蔵弁道話の巻」を選述されている。

その中で第一に強調されているのが、諸仏如来が例外なく行なう仕事は、師匠も弟子も阿耨《あのく》菩提《ぼだい》（無上道）を証する（大悟徹底する）ことであると明言され、その大悟徹底する為の最も標準的な方法が坐禅であると強調されておられる。だからこそ「弁道話」の中で、

「吾が曹洞宗門の正しい伝統は、坐禅を実行して悟りを開き、その中味を師匠から弟子に誤りなく伝える（単伝）という真正直《まっしょうじき》の仏法であって、最上のなかでも最上の道である。そこで善知識に相見し真の仏道に参ずるはじめから、焼香《しょうこう》・礼拝《らいはい》・念仏《ねんぶつ》・修懺《しゅさん》・看経《かんきん》等の行事は一切必要ない。ただ専一に坐禅して身も心も完全に忘れ果て去る（身心脱落）大悟徹底の体験をすることが必要である」

と断言されておられるのである。

更に一二三三年（禅師三十四歳の時）観音導利院で選述した「正法眼蔵現成公案の巻」の中でも、

「仏道をならふといふは自己をならふ也。自己をならふといふは自己をわするる也。自己をわするるといふは万法に証せらるるなり。

万法に証せらるるといふは自己の身心および他己の身心をして脱落せしむるなり」

と述べられ、「身心脱落・脱落身心（大悟徹底）」の体験が先ず第一に重要であることを強調されておられる。

また一二四一年（禅師四十二歳の時）選述した「正法眼蔵仏性の巻」では釈尊がいわれた「一切《いっさい》衆生《しゅじょう》悉有《しつう》仏性《ぶっしょう》」という言葉を、一般には「一切衆生はみな仏性という種を備え、その種が修行を続けるうちに自然に成長してやがて仏様という果実となる」と考えたり、「この肉体は生死を繰り返すが、霊魂という仏様は不変なので、我々の心意識の作用一つ一つが仏性である」という外道の考えが正しいと思うのが大部分であるが、これらの考えはすべて間違いである。道元禅師は「一切衆生の悉有《しつう》は仏性なり」すなわち「悉有のみ」「仏性のみ」という事実を大悟せよといわれている。

要するに我々は真実の坐禅修行によって、大悟の体験をすることが必須であり、大悟の体験のない禅は、最早禅ではないと銘記すべきである。これはご自身の「身心脱落」の体験からほとばしり出た真実の言葉である。従って我々は本来仏であるから悟る必要はないという考えは全くの邪道と認識すべきである。

二、大悟への執着もまた迷いであること

我々迷いの衆生にとっては、その迷いの夢を醒ますため、どうしても大悟の体験が必須であるが、大悟した後最も留意すべきことは、この大悟への執着がまた大きな迷いになるという事実である。

道元禅師も「正法眼蔵現成公案の巻」で、前述したとおり、

「仏道をならふといふは自己をならふ也。自己をならふといふは自己をわするる也。自己をわするるといふは万法に証せらるるなり。

万法に証せらるるといふは自己の身心および他己の身心をして脱落せしむるなり」

と述べて「身心脱落、脱落身心」の大悟の体験が必要であると述べられたのに続いて、

「悟迹《ごしゃく》の休歇《きゅうかつ》なるあり、休歇なる悟迹を長長出ならしむ」

と述べて、「悟迹《ごしゃく》（悟りの粕）」をどこ迄も捨て去る修行を続け、捨て去るべき悟迹が無くなって「本来の自己」に完全に復活することこそ大切であると断言されておられる。更に続けて、

「薪は燃えて灰となる。灰が元の薪となることはない。従って灰は後薪は先と見てはならない。薪は薪としてあるように見えるが、先も後も前も後もない。前後際断である。灰は灰と

してそこにあるように見えるが、後も先も前も後もない。前後際断である。かの薪が灰となった後再び薪とならないように、人が死んだ後再び生となることはない。従って生が死になるといわないのは仏法の常識である」と述べられ、大悟は大悟で前後際断であり、大悟を自慢する自分はどこにも無いのが仏法の常識であると言明されている。

また「正法眼蔵仏性の巻」では六祖大鑑慧能禅師が五祖弘忍大満禅師に上参した時、

五祖、「お前さんどこから来たか」

六祖、「嶺南人です」

五祖、「ここに来て何を求めるのか」

六祖、「仏になるためです」

五祖、「嶺南人無仏性、仏になりようはないわい」

このように五祖は六祖が「仏になりたい（大悟した）」という迷いを「嶺南人無仏性」の語で奪い取っておられる。道元禅師は我々に「この事実を知れ！」とせまっている。

この五祖については、同じく「仏性の巻」で次のような物語が紹介されている。五祖はその昔松を栽える道者で、大分年を取ってから四祖（道信禅師）に出合った。その時四祖は次のようにいった。

「わしは法をお前に伝えたいと思うが、お前は年を取り過ぎている。お前が生まれ代ってくるまで、わしはお前を待つことにしよう」と。

道者は承諾して、近くで洗濯をしていた娘に、

「宿を貸して欲しいが」

と頼んだ。承諾した娘は間もなく懐妊したので親に疑われ、生まれた子供をけがらわしいと川に捨てた。不思議なことに、鳥がやって来てその子をせっせと養い育てるのを見て、娘は七日後に拾い上げ養育した。七歳になった時、四祖に路上で出会った。その骨相がすぐれているのを見た四祖は、その少年に尋ねた。

「汝何姓《にょかせい》―姓は何か」

「通常の姓ではありません」

「何という姓か」

「仏性です」

「お前には仏姓なぞ無いぞ！」

「仏性は空《くう》ですから無いのですね」

その少年は直ちに四祖の侍者として仕えるようになり、やがて五祖となった。この少年には「我は是れ仏」なぞという悟りのカケラも無かったのである。

我々も大悟する前は、「何とかして大悟して大安心したい」と思って参禅する。そして自己を忘じて「身心脱落、脱落身心」の大悟を体験してみると、今度は「自分ほど徹底した体験をした者は外にいない」という思いに取りつかれ、この思いを忘れることができないという魔に取りつかれてしまう。

普通の人はこのような体験をしたことがないので、このような人を見ると尊敬し、その教えを受けようと集まってくる。教えを受ける人が集まるにつれ、大悟の体験者はますます自信を深めるとともに、その大悟への執着がいよいよ強くなってしまう。これでは何の為に大悟したのかわからなくなってしまう。五祖のように何回か生まれ返り、その執着から離れる猛修行が必要となる。我々参禅者の強く胆に銘ずべき事である。

三、因果無人の生活に徹すること

二十八歳で中国から帰国した道元禅師が、一二三六年（三十七歳の時）興聖寺を開堂された時の上堂の語の眼目《がんもく》は、

「空手《くうしゅ》にして郷に還《かえ》る。所以に一毫も仏法無し（手ぶらで故郷に帰って来た。従って仏法なぞは何処にも見当らない）」

の大宣言であった。この大悟徹底の体験をするためには、仏祖方のように、翻身五万回・見《げん》成公案《じょうこうあん》千枚という猛修行が必要であり、若しこれを実行すれば、必ず今此処が極楽浄土であることがわかり、更には歴代の祖師方は何処にもいない、東西南北見渡す限り誰も居ない世界（一切皆空）が手に入るぞと「永平広録」の中で言明されておられる。

更に一二四四年七月（四十五歳の時）大仏寺を開堂された道元禅師は、その結夏の上堂において、払子《ほっす》を以って一円相を描いて、

「ここに安居せよ！」

と命じている。これは、身心脱落の大悟とか大悟への執着とかの一切の観念を脱却して、一円相そのものになれといわれているのである。即ち真の仏道は悟りを含め一切の理屈を超えている。従って、

「仏を外に求めるのも罪、仏を求めようとしないのも罪」

といわれ、

「ただ相手に成り切って法を説くのみ」

でよいといわれる。

大仏寺を開堂された二年後、即ち一二四六年（四十七歳の時）六月、大仏寺を永平寺に改称、その時の上堂では、道元禅師のお心はそれこそ一点の雲もない澄み渡った秋の空のように晴れ

渡って、自ら一手は天を指し、一手は地を指して周行七歩されたお気持で、

「天上天下、当処永平」

と宣言されておられる。

一二四七年八月から一二四八年三月にかけ鎌倉に下向されているが、その帰山後の永平寺での上堂では、

「生也《しょうや》従来する所無く、担《にな》い来り、又担い来る。死也《しや》亦去る所無く、担い去り、又担い去る。畢竟如何。心若し異ならざれば、万法一如なり。」

と述べられ、生死本来無く、従って生死自在の只一心きりの境涯を吐露されておられる。

それから幾ばくもない日の上堂であろうか、

「曰く、惜しむべし身心脱落。眼前霹靂として雲漢を照らす。怜《あわれむ》べし坐破金剛座。誰か識らん、吾が家の壁観」

（上堂していわれた。大切にすべきは身心脱落の体験である。眼は忽ち眇れて大空《たいくう》を照らす。尊ぶべきは釈尊が金剛座を坐破された体験である。その悟りの光が、我が家の軒先まで届いていることを誰が知るであろうか）

と述べ、道元禅師ご自身が釈尊の金剛座打破の体験と寸分違いがなかったことを宣言されておられる。

釈尊と一つとなられた道元禅師は、ご自身が本来の仏性そのものとなって、最早説くべき無上菩提は無くなってしまい、只管に打坐するのみで申し分がない境地になられた。これこそ道元禅師が主張される「只管打坐《しかんたざ》」の真髄である。

道元禅師は晩年の上堂で、次のように述べておられる。

「上堂。古徳曰く、皮膚脱落し尽すと。先師曰く、身心脱落也と。既に這裏《しゃり》に到って且らく作麼生。良久して曰く、誰か謂う、即心即仏、非心非仏は道に非ず。若し人、祖師の意を識らんと欲せば、老兎巣寒うして鶴の夢覚む」

（上堂。古徳「薬山」―はいわれた。皮膚がすっかり脱け落ちてしまったわいと。先師「天童如浄禅師」―はいわれた。身心脱落と。さてこの境地に到って、何といったら良いであろうか。

しばらく沈黙の後いわれた。誰がいったのか即心即仏・非心非仏と。これらは真の仏道ではない。若し人が真の祖師の心を知りたいと思ったら、月に巣ごもりした鶴が寒さのあまり、夢から醒めた境涯とでもいおうか）

即心即仏も非心非仏も馬祖の有名な言葉であることは周知のとおりである。しかし道元禅師は、これさえも真の仏道ではないという。それでは真の仏道とは何か。それは、月に巣ごもりした鶴が寒さのあまりブルブルとふるえて夢から醒めた時は、それが真の仏道かどうかは全くご存じないに違いない。といわれて、

「わしは仏道はトントわからん」

とご自分の境地を示されている。

最早道元禅師はどこにも居ない人となってしまった。ただあるのは、無限生の過去から自分自身が造った因果の業の結果としての生活が、その時その時に現われるだけにすぎない。これを因果無人《いんがむにん》（因果のみあって人無し）の生活という。古来の仏祖方は、皆このような境涯の人となり、「あるがまんまのありつぶれ」の生活を続けるだけであったと考えられる。我々の修行の目標も、最終的にはここを目指すべきである。道元禅師もまた身を以って、この方向を我々に指し示されたのではないかと思われる。

それでは我々凡人は、どのようにしてこのような「因果無人《いんがむにん》」の生活を目指したらよいのであろうか。我々はどうしても、そう簡単に自我意識を捨て去ることはできない。従って無限生の過去から自分自身が造った因果の結果が目前に現われると、それが悪い結果であると、つい人のせいにして、何故自分だけこんな目に遇うのかと恨み、自暴自棄になり易いし、逆に幸運が現われると、自分ほど徳の高い偉い奴はいないと自慢し、上から目線で人を見下すようになり易い。それ程我々の自己中心の自我意識は強固であり頑固であって、少々の坐禅修行では、この意識を克服することは難しい。

そこで、日々の生活で若し悪い結果が現われてきたら、それがどんな難しくかつ経済的に損失が大きいものであっても、それは自分の過去の悪業のむくいであると受け止めて、人のせいにせず、自分の過去の悪業を消し去る絶好の機会と覚悟して、すべて自分自身で背負って処理するようにする。逆に好運に出合った時は、それは確かに自分の過去の善業の現われではあるが、その喜びをひとり占めにせず、家族・友人・従業員・取り引き先等自分に縁がある人達にも分かち与えるように心掛けるのである。そのことがまた自分の未来を明るくする種となるからである。

そして毎日たとえ短い時間でも只管打坐《しかんたざ》（坐禅）を実行して心を静め、自我意識を薄くする努力をしていけば、現在はどんなにみじめな境遇であり、経済的に困窮していても、次第に好転の道が開けてくるようになるものである。それは人境一如《にんきょういちにょ》（自分と自分の環境は一つ）が事実だからである。

最後に私が最も尊敬する唐代の大老師である趙州真際《じょうしゅうしんさい》禅師の教えを、拙著「心に甦る「趙州録」」から紹介してみよう。

問う、大難到来、如何廻避。師云、恰好《こうこう》。

（問う。大難事が発生しました。どのように逃げたら良いでしょうか。師は答えた、よし来た！）

（拙著五四頁）

有婆子問、婆是五障之身。如何免得。師云、願一切人生天、願婆婆永沈苦海。（ある老婆が尋ねた。「私は五つの障《さわ》りを持つ女でございます。どうしたら免れることができましょうか」と。師はいった、「願わくば、すべて人が天上界に生まれますように。そして願わくば、この婆婆は永久に苦海に沈みますように」と。）（拙著二八八〜二八九頁）

大難事へのこの覚悟と、すべての人々へのこの大慈悲心を持つことができるように心から願うものである。

付記　悟りは須く真悟なるべし

今回本書の出版に当り、春秋社編集部の豊嶋悠吾氏より、読者の参考になると思うので、私自身の参禅体験を併せて掲載してもらいたいとの強い要請を受けました。熟慮の結果、二〇〇二年七月春秋社より出版した私の処女作「悟りなき「悟り」への道」（現在は品切）で紹介した私自身のささやかな体験記「悟りは須く真悟なるべし」を再録させて頂くことに致しました。内容は稚拙ですが、少しでも参禅者の参考になれば幸いです。

私の参禅の動機は、二人の弟がそれぞれ私が十二歳、十六歳の時に同じく八歳で早逝しこれを機会に、生死問題に深刻な疑問を抱いたことに始まる。人間はなぜ生まれてきたのか、死んだ先はどうなるのか。いくら考えても簡単に結論が出ない問題であるが、どうしてもこの問題を解決しなければ生きていけないという程、私にとっては切実な問題となってしまった。

そこで弟の葬儀で世話になった菩提寺である宗清寺の飯島幸之和尚《こうし》の紹介で、一九四七年十七歳の時はじめて安谷白雲老師に相見し、ここに参禅の第一歩を踏み出すこととなった。私は自分の深刻な悩みを訴えたところ、老師はじっと聞き入った後、「それは坐禅をして見性《けんしょう》すれば解決する」とおっしゃった。そして面壁して手と足を組み静かに息を数える方法を示された。早速始めてみたが私の心は満足しない。壁に向って坐って息を数えるだけで、なぜこの深刻な人生問題が解決できるというのか。まったく馬鹿らしくなって二度と坐禅に来るものかと思った。ところが次の例会が近づくにつれ、見性もしない自分が長い歴史を持つ禅を早々に批判するのは間違いではないかという反省心も湧いてきて再び坐禅会に参加した。だがまた馬鹿らしくなって逃げ帰ってくる。そのうちに接心《せっしん》といって五日なり一週間なり泊り込みの修行の会があることを知り、それにも参加するようになってきた。何回接心に参加したことであろう。恐らく二十回以上を数え、いつしか八年の歳月が流れていた。

その八年目の或る接心の時、安谷老師はいつものとおり提唱《ていしょう》（禅録の一則についてのレクチャー）を始められた。『碧巌録』第九十四則の垂示である。

「声前《しょうぜん》の一句千聖不伝《せんしょうふでん》。現前の一糸長時無間《ちょうじむけん》……」

と読み下され、「声前――一切の理屈を言う前――の一句は仏様もご存じない」とおっしゃった。この言葉を聞いた途端、「ああそうか。千聖不伝でよかったんだ。お釈迦様から貰うものは元来一物もなかった！」と気がついた。そして老師の点検を受けた結果、見性（悟りの第一関門）を許された。それからは一層精細のある修行にはげみ、たくさんの公案に参ずるとともに、より深い坐禅を実行した。そしてついに三十歳の時室内の調べを終了することができた。ここで本来であれば、私の最大の疑問である生死問題が明確に解決されていなければならないはずであるが、どうもはっきりしない。そこでこのことを正直に白雲老師に申しあげたところ、

「未だ本当に徹底しないからだろうね。」

というご返事であった。そこで直ちに再参を申し入れ、すべての公案を最初から参ずることとした。

再参に入ってからは、さらに熱烈な修行に努めた。接心にはできるだけ参加し、独参も数多く重ねた。そして昭和四十一年（一九六六年）五月の九州接心で、身心脱落とでもいうような体験をし、ぷっつりと生死をたち切ったように思った。そこで帰京後五月七日の独参で、

「生死はございません。生の時は生っきり、死の時は死っきり、と生死問題を解決しました。」

と勢い込んで申し上げた。白雲老師はじっと耳を傾けておられたが、おもむろに、

「結構です。油断しないで精出して坐りなさい。」

と言われた。決して否定はしないが、それで良いとは言われない。まだまだ本物ではないことを見透されていたのである。かくして、昭和四十三年（一九六八年）五月第二回目の室内が終了した。時に三十六歳であった。

　私はこの年の前後から白雲老師がご不在の折、代わって指導されていた山田耕雲老師に独参するようになった。そこでのご指導はまた新鮮なもので多大の啓発を受けた。そして耕雲老師の接心に何回か参加する中で、次第に生死が気にかからなくなっていった。

「生の時は生のみ。死ぬ時は死ぬのみ。生死する自分はない。宇宙一杯に生きどおし、宇宙と共に死にどおし。」

とでも言うのであろうか。これで生死問題は完全に解決したと自分では思っていた。

やがて昭和四十七年（一九七二年）三月、罷参斎《はさんさい》（仏道修行修了の証）が行なわれ、白雲老師から「慈雲軒」の軒号を頂戴した。この時私は次のように見解を述べている。

如何なるか仏法
——仏法涓滴《けんてき》もなし
向上《こうじょう》さらに道《い》え
——明歴々
畢竟如何《ひっきょういかん》
——今日は七日、明日は臘八《ろうはつ》

だが同時に次のように告白している。

「しかしながら今日のこの境地にも、率直に言って私は不満を感じております。これも暫時の伎倆であり、一時の風光であるからであります。自己の境界を自ら点検するのに、未だ不十分であり不徹底であります。」

これ程までに私の迷いは深かったと言って過言ではない。

間もなく私の運命に転機が訪れた。昭和四十八年（一九七三年）十月、社命によりロンドン転勤となり、そこに駐在員事務所を開設することとなった。四十一歳の時である。行ってみると風俗習慣すべて異なり、言葉もなかなかうまくいかない。しかも単なる旅行でなく仕事となると責任も違う。本社との意思疎通も円滑にいかないという状況の中で、ストレスも極度に高まる。二十数年の参禅は、自分にとって一体何だったのかという思いもつのる。このような状態で、多分翌々年の二月のことと記憶する。仕事を終え重いカバンを手に、身心ともに疲れ果てて地下鉄の駅に入った。モニュメントという地下鉄の駅は非常に深く、長いエスカレーターで降っていく。ちょうどホームに着く頃電車がゴオーと物凄い号音を響かせて入ってきた。その音を聞いた途端、全く自分が亡くなってしまった。確かにカバンをぶら下げている手や腕はある。階段を降りている足はある。だが自分はどこかに吹き飛んでしまってどこにもいない。不思議な光景となった。自分は居ないが自分らしい身体はある。自分らしい身体はあるのに肝心の自分が居ない。まことに夢でも見ているような気分で家に着いた。耕雲老師がよく言われた「中身カラッポ」というのは、こういうことだったのかとはっきりわかった。この体験があってからの数日の坐禅は、実に深い静かなものであった。何日か経ったある夜、夜中の二時か三時にフト眼が覚めた。ところがまったく自分が居ない。

「これは困ったことになってしまった。自分は完全に死んでしまった。明日朝になったら、このことを本社に報告しなければならないなぁ。」

こんな変なことを夢うつつに考えていると、遙か遠い遠い四方の彼方から、何かが物凄い勢いで飛んでくる。よく見るとそれは自分の左右の手・腕、左右の足、頭、胴というようなもので、それが飛び込んできて一つの身体が形成された時にはっきりと目が覚めた。そして未だ生きていることを確認した。なるほどわれわれは自分の身体［からだ］身体［からだ］と思っているが、すべて因縁所生の産物であり、自分というカタマリは元々無いというのが事実であると得心したのである。古人はこの事実を、

「不可得《ふかとく》のうち只麼《しも》に得たり。」

と言っている。

また二祖慧可大師が不安のあまり達磨大師に対し、

「弟子心《しん》未だ安からず。乞う師安心せしめよ。」

と質問したのに対し達磨大師は、

「心《しん》を持ち来れ。汝が為に安《やす》んぜん。」

と答えられた。慧可大師は何年もの間、不安心これ何ものぞ！　心これ何ものぞ！　と探究したに違いない。そして最後に、

「心を求むるに了《つい》に不可得なり。」

と達磨大師に呈し、許されている。

私もまた生死問題を解決したい解決したいと思い、それを熱願し求めてきた。だが、

「心を求むるに了に不可得なり。」

であり、

「心は是れ実にカラッポなり。」

が事実であることを突きとめた。

この頃私は、三島瀧沢寺中川宗淵老師の後を継がれた鈴木宗忠《そうちゅう》老師が毎年ロンドンに来られて、Zen Studyという禅グループを指導するお手伝いをしていた。ちょうどこの体験があった年も、宗忠老師がおいでになり、その禅グループの人達に対し、次のような英語の詩を贈呈された。

A Happy New Year（新年を賀し奉る）
Every day and every time（毎日、毎時）
Now now and now（今、今そして今のみ）
Every body sits on Buddha cushion（全員仏座に坐す）

新しい年を迎え、誰も彼もいつも仏様の坐団上に坐っていて何の申し分もないではないかと歌ったもので、非常によい句だと思った。だが自らの体験に酔っていた私は生意気にも次の句を作ってしまった。

How happy is it "A New year"?　（賀すべき新年ありや？）
How long is it every day and time?　（毎日、毎時に長さありや？）
Where is now and now?　（今、今いずこにありや？）
Nobody sits on any cushion　（誰一人坐すべき処無し）

一切皆空の世界には、時間も人も物もない。この悟りの体験こそ禅の原点である。従って未だこの体験に至らない観念の悟りは、それがどれ程明快に説かれても、所詮は頭裡の禅であり本物ではない。まことに古人が言うように、

「悟《ご》は須《すべから》く真悟なるべし」

である。だが真悟と言えども、それは禅の原点であり出発点にすぎない。道元禅師は、「正法眼蔵現成公案《しょうぼうげんぞうげんじょうこうあん》の巻」で、われわれの修行の道筋を次のように明示している。

「仏道をならふといふは、自己をならふ也。自己をならふといふは、自己をわするる也。自己をわするるといふは、万法に証せらるるなり。
万法に証せらるるといふは、自己の身心および佗己《たこ》の身心をして脱落せしむるなり。
悟迹《ごしゃく》の休歇《きゅうかつ》なるあり。休歇なる悟迹を長長出ならしむ。」

自己を忘じた後の修行がより大切である。だが原点なくして発展はない。やはり原点は、あくまで大切にしなければならない。

あとがき

道元禅師は三歳の時父を失ない、八歳の時母の死に会うことにより、一体人間はどこからやって来て、死んでどこへ行くのかという自らの直面する生死問題が、参禅求道の原点であったに違いない。

この問題はひとり道元禅師だけではない。全人類がかかえる根本的な人生問題であるが、殆んどの人は、考えてもとても簡単に答えが見出せないので、面と向って解決することを諦めて金・地位・名誉等の世俗的成功を求めて互いに競争して一生を終えるという結果となっている。しかし生死問題は、人類の持つ根源的課題であるので、本当はこの問題の解決無くして、人類の真の安心・安定・救済はあり得ない。

およそ二五〇〇年前、この地球上に現われた釈尊も同様の問題に直面し、インドのカピラ国の王子として生まれながら、将来約束されている王としての地位や名誉を投げ捨てて六年間の難行苦行の末、明けの明星を一見した途端、自己を完全に忘ずる大悟の体験を得て、自らの生死問題を根本的に解決しただけでなく、自ら大悟してみると、すべての人類は本来あるがまんまで救われている事実を突きとめた。これが「一切衆生《いっさいしゅじょう》、悉有仏性《しつうぶっしょう》」（一切衆生の悉有は仏性である）という大宣言である。

爾来その体験は第一祖摩訶迦葉尊者に受け継がれ、第二祖阿難陀尊者、第三祖商那和修尊者と伝わり、第二十八祖菩提達磨尊者、第五十一祖永平道元禅師と継承されてきた。

その道元禅師の生涯の軌跡を学んできたが、我々も心からの求道心と菩提心を持って努力すれば、必ず道元禅師と同様の体験を得ることは可能である。勿論一朝一夕にはいかないが、その方向に向っての日々の努力を続ければ、やがてその目標は達成できると考えられる。その端的な方法が道元禅師のすすめる、只管打坐《しかんたざ》（坐禅）である。

坐禅はまことに不可思議な力を持っている。毎日坐禅を続けていくと、自分の心が次第に安定し落着いてくることは当然であるが、同時に自分を取り巻く環境も次第に整ってくる。それは心境一如（心と環境は一つのもの）だからである。世界の人々が毎日たとえ五分間でも坐禅をする日が来るのを心より願うものである。

最後になりましたが本書の出版に当り、春秋社神田明会長、澤畑吉和社長の何時も変らぬご支援と今回は特に編集部の豊嶋悠吾氏の貴重なアドバイスとご尽力に深く感謝申し上げる次第であります。

窪田慈雲

著者紹介

窪田　慈雲（くぼた　じうん）

1932年東京に生まれる。1949年安谷白雲老師に初相見。1955年横浜国立大学経済学部卒業。1969年安谷白雲老師に受戒。光山巍堂の居士号を受く。1972年安谷白雲老師より大事了畢の証明を受け、慈雲軒の軒号を受ける。1973年安谷白雲老師遷化後、山田耕雲老師に師事。1975年ロンドンに於て再見性。1983年宗教法人三宝教団正師家に任命される。1985年山田耕雲老師より嗣法。1989年山田耕雲老師遷化に伴い、三宝教団第三世管長に就任、2004年10月三宝教団管長を退任（山田凌雲老師継承）。以後ドイツミュンヘン郊外ヴァイアン禅堂の指導は継続。2005年3月渋谷区代々木上原禅道場指導開始。2009年1月盛和塾禅会指導開始。2011年5月下村満子「生き方塾」禅会指導開始。2015年1月ヴァイアン禅堂指導終了（佐藤窮霊老師継承）。現在に至る。

著書に『悟りなき「悟り」への道』『瑩山禅師『伝光録』にきく』『坐禅に活かす「正法眼蔵」現代訳抄』『魂に響く「正法眼蔵」現代訳抄』『心に甦る「趙州録」』『道元禅師『永平広録』私解』（以上、春秋社）。

道元禅師の心

2018年6月20日　第1刷発行

著　者＝窪田慈雲

発行者＝澤畑吉和

発行所＝株式会社春秋社

〒101-0021　東京都千代田区外神田2-18-6

電話　(03)3255-9611(営業)　(03)3255-9614(編集)

振替　00180-6-24861

http://www.shunjusha.co.jp/

印刷・製本所＝萩原印刷株式会社

装　幀＝鈴木伸弘

ISBN 978-4-393-13423-8　C0015

定価はカバーに表示してあります